利率债
投资策略

研究与实践的深度融合

城 成　吴凯斌 ◎ 著

INTEREST RATE BOND
INVESTMENT STRATEGY

上海财经大学出版社

图书在版编目(CIP)数据

利率债投资策略:研究与实践的深度融合/城成,吴凯斌著.—上海:上海财经大学出版社,2023.9

ISBN 978-7-5642-4214-5/F·4214

Ⅰ.①利… Ⅱ.①城…②吴… Ⅲ.①债券投资-研究 Ⅳ.①F830.59

中国国家版本馆CIP数据核字(2023)第132555号

□ 责任编辑　徐贝贝
□ 封面设计　贺加贝

利率债投资策略
——研究与实践的深度融合

城　成　吴凯斌　著

上海财经大学出版社出版发行
(上海市中山北一路369号　邮编200083)
网　　址:http://www.sufep.com
电子邮箱:webmaster@sufep.com
全国新华书店经销
上海叶大印务发展有限公司印刷装订
2023年9月第1版　2025年3月第3次印刷

710mm×1000mm　1/16　12.5印张(插页:2)　161千字
定价:68.00元

前　言

本书是基于笔者从事固定收益投资与研究工作多年的实际体会，对自己过往的债券投资交易生涯所做的一个系统性思考。

银行自营部门对信用债的投资限制有很多，尤其是资本充足率与授信额度的约束，导致很多投资标的无法入库。而一旦信用债发生实质性违约，就会对表内债券的估值产生很大冲击，进而可能造成资产减值损失，直接影响银行利润。因此，作为银行间市场主流的利率品种一直是自营部门的核心资产，本书将详细论述利率品种的研究方法。

在笔者看来，2008年全球次贷危机、2016年供给侧结构性改革和2020年新冠疫情是近20年对国内宏观经济与资本市场产生重大影响的标志性事件，在本书中，笔者对于债券市场的回顾和分析多以此为节点或与其相关。新冠疫情暴发至今已有3年多时间，供给侧结构性改革至今已有7年时间，这7年里债市几乎跨越了两轮完整的牛—熊周期，在不同的经济背景和不同的政策环境下，债市运行的主逻辑大相径庭，利率的历史走势为市场参与者提供了宝贵的学习资料。虽然笔者在日常投资交易工作中会有周度、月度、季度和年度的思考总结，但大多缺乏系统性。在此，笔者以写作本书为契机，对自己过往多年的利率债投资交易生涯做一次深度的沉淀与思考，如果本书能够为读者带来些许感悟与启发，笔者不甚荣幸!

正如英国首相丘吉尔所说,"回顾愈深,思之愈远",身处市场中的我们每天都在不断学习、反思和成长。而每一次认知或投资能力上的阶梯式突破实际上都是由量变到质变的积累过程。截至目前,笔者总结自身有三次比较大的认知能力提升,每一次均是从内心深处对投资认知所产生的蜕变,在此与读者分享自己的心路历程。

第一次认知能力提升,是懂得债券投资盈利的方式。每一个掌握头寸进入投资领域的人都是幸运的,在些许有限的约束下,几乎可以自由自在地通过交易表达自己对市场的看法和认知,唯一需要承受的便是账户的盈亏。新入市的交易者最开始时或许内心都有欣喜与志忑,第二年至第三年通常会进入交易的迷茫期,开始探索高胜率的交易方式。笔者刚入市时,像大多数人一样遵循债市传统的分析框架,每天研究经济基本面,按照市场众口一词的观点去交易,时而盈利时而亏损,心情起起伏伏。只有在经历交易的迷茫期,历经困惑和混沌之后,才能发自内心地懂得债券投资的要义。

债券投资有三种盈利方式:一是赚趋势的钱;二是赚定价偏差的钱;三是赚噪音的钱。

第一种,赚趋势的钱。当有明确的趋势时,判断债券的趋势后坚定持有,获取趋势收益。当然这个趋势既可以是一次完整的债券牛熊市周期,也可以是震荡市中的一个中期波段,这取决于机构的风险偏好和个人投资能力的边界。"选择大于努力",赚趋势的钱相对较难,但通过研究分析把复杂的问题简单化,采取有效的操作方法,可以大大提高投资回报率。

第二种,赚定价偏差的钱。从笔者的从业经历看,每年债券市场都会有1~2次市场出现明显定价偏差的机会,有时候是一、二级定价出现偏差,有时候是不同债券品种出现定价偏差,只要能够及时捕捉到,并实施以较大的仓位,基本上每年都会获取可观的利润。我们只需要耐心等待机会,择时建仓,及时止盈即可。

第三种,赚噪音的钱,就是常见的日内高频交易。近几年多数机构纷纷入场参与日内高频交易,此种交易方式之所以成为市场追捧的对象,是因为日内高频从表面上看亏损可控,如果能够持续盈利,便是增厚收益的有效方式。资产定价理论(Asset Pricing Theory)告诉我们,资产定价的一个理论起点就是资产的收益率在极短的时间服从随机游走。根据笔者的经验,在现实中除了量化交易外,大多数的投资者想从随机游走的高频交易中持续获利可能是比较难的,需要有过人的交易天赋。

笔者脚踏实地地做基础性研究,并付诸实践以提高对理论的认知,度过了新入市的迷茫期,实现了第一次"瓶颈"突破。

第二次认知能力提升,是懂得及时止损与控制回撤。笔者有非银机构和银行自营的从业经历,深刻理解及时止损与控制回撤的重要性。银行自营存在 FVTPL 与 OCI 及 AC 账户,由于 OCI 与 AC 账户资产浮动亏损不计入当期损益,并且持有期长,因此对收益率的回撤有较大的容忍度;但 FVTPL 账户的浮动亏损直接计入当期损益,且严格限制持有期,因此对资产价格变动非常敏感,对回撤的要求更为严格。账户属性的不同,会直接影响投资决策,基于风险控制的角度,在此我们着重对 FVTPL 交易性账户进行论述。在 2017 年经历了熊市的洗礼后,迎来了 2018 年的债券大牛市,笔者处于银行的自营部门,几乎是可以买入持有后赚取整个的趋势收益。但 2018 年有两次显著的收益率回调,分别是首次降准后 10 年期国开债约 30 个基点(bp)的上行和七、八月份地方债集中供给导致的收益率显著上升。尽管 OCI 与 AC 账户的资产在利率回调时出现了收益回撤,但由于其持有期较长可以忽略短期波动带来的不利影响,伴随利率回到下行轨道,回撤也只是昙花一现;相反,FVTPL 账户大多设置强制止损要求,一旦利率出现显著回调时,需要立刻减仓控制回撤与及时止损,牺牲掉部分趋势利润,以降低组合的波动,因此在极端情况下,交易性账户很难"和时间做朋友"。

笔者深深认识到作为投资交易人员,控制回撤至关重要。过去几年,市场中的一些机构所出现的巨大回撤甚至爆仓行为,也让笔者不断加深对控制回撤的认知。记得刚入行的时候,看过不少前辈的投资心得,都有这样一条:先活着。当投资人员受到硬约束,面对市场波动时,止损或是控制回撤使自己先活下来就显得至关重要。作为投资交易人员应该清楚,几乎所有的金融资产价格都存在周期的波动,只要能够先活下来,市场总是会给机会的,只要抓住下一次机会实现盈利就可以了,前提是不被暂停交易资格或是剥夺投资权限。

大的趋势行情中出现显著回调时,需要进行减仓控制回撤或及时止损,牺牲掉部分趋势利润,以降低组合的波动。趋势不会是一条向上的直线,而是迂回曲折的,中间通常会有一定的回调。在趋势并未结束但出现回调时,根据个人的利润积累和机构的风险偏好现状,通常需要投资交易人员降低仓位,有效控制回撤或是及时止损,为捕捉后市行情做好更充足的准备。

第三次认知能力提升,是应对比预测方向更重要。市场没有明显的趋势性方向是常态,应对比预测方向更重要,这是笔者第三次投资认知的显著提升。当然,这并不是说趋势性行情中就不需要做应对,例如2017年的熊市和2018年的牛市,笔者理解的最佳策略就是熊市 sell and hold,牛市 buy and hold。尤其在牛市中是不能放弃自己头寸的,中间应做的更多是调整仓位控制回撤和止损,而非牵扯到预判多空方向的问题。

国内债券市场过去十多年内整体趋势性比较强,因为国内经济增长在2008年金融危机后波动性较大,经济增长的较大弹性基本上决定了货币政策的走向,货币政策转向不仅信号明确而且调整幅度大,所以债券市场的趋势性行情比较显著。疫情发生后随着国内经济增长的弹性逐渐降低,央行货币政策的预期引导逐渐增强,债券价格的波动性也在减弱,收益率大幅下行的机会也在减少，债市较难出现大的趋势性行情。

然而在趋势性行情中，一旦趋势确立，后续发生的事件都会服从和服务于趋势，我们在日常的投资交易工作中也会有体会。大的趋势性行情确立后，我们会发现后续各种政策信号和经济数据都会与趋势保持一致，故不太需要预测未来。但在市场没有趋势性时，未来经济基本面的不确定性就会上升，预测市场变得非常困难。笔者认为此时最重要的就是根据未来的事态发展及时做好应对。比如经济数据与市场预期异常背离，或是货币政策突发转向。根据笔者的实践经验，以下三个原因是债券出现趋势性行情的信号：其一，重大会议的政策转向，例如2018年7月召开的半年度中央经济工作会议引起了债券市场三季度牛市中的重大调整；其二，经济数据与市场预期异常背离，例如2019年4月初、2021年2月中旬；其三，货币政策的意外调整，例如2019年11月、2021年7月、2022年8月。

笔者在从业中对四个事件印象深刻，分别是2019年4月初公布的超预期PMI、2019年11月央行降低MLF利率、2021年7月央行降准、2022年8月央行降低MLF利率。这四次债券的快速调整归纳起来有几个共性：第一，四个事件都成为债券收益率趋势性行情的起点，长债收益率通常会出现20bp以上的调整。第二，事件发生前市场对债券走势并无明显的方向判断，或是当前预期与未来趋势相反。例如，2019年一季度和2021年二季度债市整体呈胶着状态，大多数机构对市场走势没有明确的预判方向；2019年11月MLF降息之前，市场对债券进行通胀交易，但突然的MLF降息直接导致行情反转。第三，做好应对比预测方向重要。一旦债券收益率发生急剧变化，就已经表明市场很难准确预测，积极做好应对、顺势而为才是上策。

三次认知能力的提升，让笔者更加深刻地认识到债券投资是一项需要终身思考和积累的事业。没有一套标准的模型可以应对任何市场，也没有十全十美的方法可以一直立于不败之地，我们能做的就是不断学习以提升个人的认知水平，跟上时代和市场前进的脚步。

特别感谢中原银行张翼、陈莉莉二位领导的支持，让我们可以全神贯注投身于自营的投研工作并乐在其中。

本书仅代表笔者个人观点，不代表所供职机构的观点。

城　成　吴凯斌

2023 年 8 月

目 录

第一篇 债券组合投资策略

第1章 落叶而知秋：宏观数据在债券投资中的运用 / 3

1.1 宏观经济与宏观数据的因果关系分析 / 8

1.2 让数据更好地服务于债券投资 / 9

第2章 基于政策利率的角度思考债券定价机制 / 11

2.1 稳定基本盘需要政策逆周期调节 / 12

2.2 以 MLF 为锚的利率曲线定价体系 / 16

2.3 通过利差计算债市配置的合意区间 / 21

第3章 探索基本面向债市"由面及点"的传导逻辑 / 25

3.1 房地产与无风险利率的相关性分析 / 26

3.2 宏观层面——房地产投资改变市场流动性结构 / 27

3.3 微观层面——房地产投资影响债券资产回报率 / 30

第 4 章 经济周期是债市的核心驱动力量 / 34
4.1 "发改委发声"阐明供需失衡的现实 / 37
4.2 关键指标揭示当前库存周期的位置 / 37
4.3 债券投资策略的正确选择 / 43

第 5 章 收益率曲线形态的博弈 / 45
5.1 哑铃型与子弹型策略收益对比 / 48
5.2 曲线形态变动下两种组合的业绩归因 / 49
5.3 投资策略取决于市场环境 / 52

第 6 章 浅谈信用品种投资思路 / 54
6.1 债券历史行情一览 / 55
6.2 AA+证券公司金融债与 AA+城投债品种分析 / 56
6.3 商业银行二级资本债的特征 / 61
6.4 投资二级资本债的潜在风险 / 65
6.5 二级资本债发行难度提升 / 68

第二篇 债券短线交易

第 7 章 灵活运用基差策略以增厚收益 / 73
7.1 国债期货合约的内嵌期权 / 75
7.2 正向套利与反向套利的策略选择 / 76
7.3 基差交易时点的判断及建议 / 79

第 8 章 高频交易之"决战 1 分钟线" / 81
8.1 短线交易逐渐成为主流 / 82
8.2 巧妙运用国债期货 1 分钟 K 线图 / 83

8.3　遵守交易纪律,勤动脑多反思　/ 85

第 9 章　从宏观到微观——市场情绪指导投资交易　/ 88
9.1　国内债券市场投资者行为分析　/ 89
9.2　实践中的短线交易　/ 91

第 10 章　投机交易的风险与应对方法　/ 97
10.1　技术分析常常会失灵　/ 98
10.2　胜之有道——主力资金的提前布局　/ 99
10.3　两种方法灵活应对风险　/ 100

第 11 章　债券交易盘"内卷化"的反思　/ 102
11.1　债券交易盘的优势与局限性　/ 102
11.2　"赚钱效应"下降后的焦虑　/ 104
11.3　希望与祝福　/ 106

第三篇　债券组合的风险管理

第 12 章　现券利率风险的测算与分析　/ 111
12.1　久期难以完全衡量利率风险　/ 112
12.2　静态指标之"历史波动率"　/ 113
12.3　动态指标之"平移加权波动率"　/ 116

第 13 章　主要衍生品的特征和估值方法　/ 120
13.1　品种 1——国债期货　/ 121
13.2　品种 2——期权　/ 125
13.3　品种 3——利率互换　/ 136

第 14 章　投资组合的利率风险免疫策略　/ 146
　　14.1　久期风险　/ 148
　　14.2　收益率曲线风险　/ 149
　　14.3　如何实现利率风险免疫　/ 150

第四篇　债市历史回顾

第 15 章　2002 年至 2022 年 10 年期国债收益率走势分析　/ 157
　　15.1　2002—2008 年次贷危机前期　/ 158
　　15.2　2008—2016 年强刺激与弱需求　/ 164
　　15.3　2016—2020 年供给侧结构性改革　/ 171
　　15.4　2020—2022 年抗击疫情时期　/ 174

第 16 章　中美债市定价逻辑的演绎与思考　/ 177
　　16.1　中美 10 年期国债行情回顾　/ 178
　　16.2　中美债市定价底层逻辑的差异　/ 181
　　16.3　从各自独立到联动影响　/ 182
　　16.4　中美国债利差走势分析　/ 184

结尾　/ 185

第一篇

债券组合投资策略

第 1 章　落叶而知秋：宏观数据在债券投资中的运用

宏观经济指标是体现经济情况的一种方式,主要指标包括国内生产总值、通货膨胀与紧缩、投资指标、消费、金融、财政、库存指标等,在我们实际工作中宏观经济指标对债券的投资与研究有着重要的分析和指导作用。通常我们将指标分为八大类。

第一,国民经济核算:GDP。

GDP反映的是一个经济体经济增长的成果,是一个国家或地区在一定时期内产出的所有最终产品和劳务的市场价值总和。从支出角度看,只有当生产增加了,人民才能提高消费,进而满足衣食住行等各方面需求;从收入角度看,GDP=工资+税收+折旧+盈利,GDP增加了,企业利润才能提高,人民工资才能上涨,税收才能充盈,政府财政支出才能扩大。

GDP作为经济周期的重要衡量指标,是经济社会发展的成绩单,同时会对金融市场产生举足轻重的影响。由于债券利率走势取决于经济增长斜率、市场避险情绪、机构行为偏好以及流动性预期等因素,而GDP各分项数据又恰好能够很好地验证稳增长的成效,因此,GDP同比与债券收益率存在正相关关系。

第二,宏观经济晴雨表:PMI。

PMI采购经理人指数之所以重要,是由于它既反映了制造业企业未来的走势,也是宏观经济的晴雨表。PMI＞50,表明经济阶段性扩张;PMI＜50,表明经济阶段性收缩。此外,PMI作为环比数据,可以用来判断资本市场的情绪面变化,观察大家对未来的信心。PMI指数由5个主要分项构成,按照权重排序,分别是新订单指数(30%)、生产指数(25%)、从业人员指数(20%)、供应商配送时间(15%)和主要原材料库存指数(10%)。新订单指数作为最重要的分项,可以反映需求的边际变化;生产指数重要性排在第二,体现供给端开工意愿;从业人员指数反映工业企业用工景气度,从侧面映射行业健康状况;供应商配送时间指数可以帮助供应商增加订单与利润,建立并巩固客户与企业的合作关系;主要原材料库存指数是已购进并登记入库的尚未使用的原材料数量,是判断库存周期的核心指标。

PMI不同于其他经济数据,在笔者看来,PMI是最重要的宏观经济指标。原因有两点:一是PMI指标涵盖了核心的供给与需求要素,有助于全面了解经济基本面的边际变化;二是PMI作为最具代表性的先行指标,能够帮助投资者研判经济走势,为债券投资交易提供有力的理论支持。

第三,货币金融数据:社会融资规模、人民币贷款与M2。

社会融资规模增加意味着市场资金的增加,即民众和企业融资的总量在增加。从居民和企业两个视角看待社会融资规模增加带来的影响:第一,社会融资增加后,居民的负债得到有效扩充,可以用于进一步投资,提升资本市场流动性；第二，社会融资增加后，企业获得更多现金流，有助于改善生产经营条件，公司发展前景会更好。因此，社会融资规模增加无论是对个人还是企业，都是很大程度的利好。

M2指流通于银行体系之外的现金加上企业存款、居民储蓄存款以及其他存款，即广义货币供应量。当M2增加时，意味着货币供应量变大，物价出现上涨，社会潜在购买力降低，在一定程度上会抬升通货膨胀率。通常以社会融资规模代表实体经济的实际融资需求，M2代表金融机构货币的供应量，通过计算社会融资与M2增速的剪刀差，可以观测到实体经济需求与金融机构资金供给此消彼长的关系。当剪刀差走阔时，实体融资需求旺盛，表明经济潜在投资回报率很高；当剪刀差收窄时，实体部门需求萎靡，消费意愿降低，后期经济下行压力较大。社会融资与M2增速的剪刀差，蕴含了市场对未来经济基本面的预期，由此引起的情绪变化，是影响债券投资决策的重要因素。

第四，投资数据：固定资产投资。

固定资产投资是以货币形式表现的、企业在一定时期内购置和建造固定资产的工作量以及与此有关的费用变化情况，包括房产、建筑物、机器、机械、运输工具，以及企业用于基本建设、更新改造、大修理和其他固定资产投资等。在实际应用中，可近似认为固定资产投资由房地产投资、制造业投资和基建投资三大分项构成。

以房地产投资为例，房地产投资是以房地产为对象，为获得预期效益而对土地和房地产开发、房地产经营以及购置房地产等进行的投资。作为一个涉及范围极广的产业，房地产与60多个其他产业直接相关，房地产投资行为的增减将会对相关产业的劳务需求及社会产品需求产生一定影响，进而影响到地区经济的增长；房地产投资分为生产经营性投资与非生产经营性投资，生产经营性地产投资对地区经济增长形成长期影响，而非生产经营性地产投资的供给效应更为直接，增长的住宅能够满足消费者持续提升的需求;房地产投资会对其他相关产业投资形成挤出效应,即其他产业投资增长率与房地产投资增长率呈现出此消彼长的关系。因此,房地产投资景气度提升会对债市形成挤出效应,一定程度上会带动债券收益率上行;反之,房地产处于下行周期,债券投资配置力量也会相应增强。

第五,通胀数据:PPI与CPI。

PPI是衡量工业企业产品出厂价格变动趋势和变动程度的指数,是反映某一时期生产领域价格变动情况的重要经济指标,也是制定有关经济政策和国民经济核算的重要依据。

CPI则是反映一定时期内城乡居民所购买的生活消费品和服务项目价格变动趋势和程度的相对数,是对城市居民消费价格指数和农村居民消费价格指数进行综合汇总计算的结果。

近年来PPI与CPI走势持续背离,有两点主要原因。一是产业链改变了价格传导机制。PPI是不同阶段产品价格的加权平均数,每个阶段产品价格波动较上阶段缩窄,故整体加权价对起点价格冲击反应弱化。而CPI仅属于终端消费品,对起点价格的波动更不敏感。二是PPI与CPI的分项构成改变了价格传导机制。大宗商品价格主导PPI走势,并且大宗商品多以能源类为主,而CPI分项中的交通运输项占比不仅小,而且我国存在油价上限管制,致使PPI向CPI传导受阻。食品项作为CPI中权重最大的分项,其价格受天气因素影响大,与PPI关联性低,也是PPI向下游传导受阻的重要原因。

央行通过调整货币政策,以实现通胀目标的管控。具体而言,央行需要通过稳定社会总需求以稳定价格水平,避免通胀给经济效率带来负反馈。央行进行相机决策,妥善权衡PPI与CPI的关系,对能够以分阶段形式并加权反映综合物价的PPI赋予更高的参考权重。因此,货币政策调节通胀目标更多的是PPI为理论参考,相应地,债券收益率与PPI的联动性也更强。

第六,工业生产数据:工业增加值与工业企业库存。

工业增加值是指工业企业在报告期内以货币形式表现的工业生产活动的最终成果,是工业企业全部生产活动的总成果扣除在生产过程中消耗或转移的物质产品和劳务价值后的余额,是工业企业在生产过程中新增加的价值。工业增加值是工业企业为国家和社会创造的财富,也是一国经济发展的重要指标之一。随着规模以上工业企业数量的增加,其在国民经济中的占比不断提高。规模以上工业增加值的增长,对国家的税收和社会的就业都有着重要的促进作用,是反映经济景气程度的重要指标。

工业企业库存是指企业在日常活动中持有以备出售的产成品或商品、处在生产过程中的在产品、在生产过程或提供劳务过程中耗用的材料或物料等。通过库存的变化,可以判断当前时点工业企业所处的库存周期位置。相应地,在主动去库存、被动去库存、主动补库存、被动补库存这四个不同阶段,债市的投资逻辑也会有差异。因此,研判库存周期位置对于债券操作具有很好的指示意义。

第七,消费数据:社会消费品零售总额。

社零总额是指企业(单位)通过交易售给个人和社会集团的非生产、非经营用的实物商品金额,以及提供餐饮服务所取得的收入金额。在各类与消费有关的统计数据中,社会消费品零售总额是表现国内消费需求最直接的数据。社会消费品零售总额是国民经济各行业直接售给城乡居民和社会集团的消费品总额。它是反映各行业通过多种商品流通渠道向居民和社会集团供应的生活消费品总量,是研究国内零售市场变动情况与反映经济景气程度的重要指标。

第八,进出口数据:进口与出口。

国家进口与出口贸易增长趋势与整体经济增长趋势呈现正相关关系。一般情况下,当一个国家经济发展迅速的时候,其进出口贸易也会保持较高的增速水平。进一步细分,当内需强于外需时,进口增长会高于出口增长,会产生贸易逆差;而当内需弱于外需时,出口增长会高于进口增长。国内供给与需求的动态博弈会造成进出口贸易的波动,反过来看,进出口贸易也会间接地作用于国内供需结构的调整。

1.1　宏观经济与宏观数据的因果关系分析

在研究经济基本面变化的过程中,经常会参考各类宏观数据变化的时滞关系来建立先行指标、同步指标和滞后指标的分析框架。准确地把握各类经济指标间的时滞关系,对投资策略的安排具有重要的指导意义。以本章第一部分所列出的八类宏观数据为例,站在 2023 年 5 月下旬的时点,如果我们希望通过观测八类指标的表现来评估当前宽信用政策的执行效果,则需要综合考量这八类指标的官方发布时间以及指标背后所隐含的意义。

首先,如本章中第一部分所述,由于 PMI 数据蕴含的经济信息非常全面,且统计局一般在每月月末发布当月的 PMI 数据,具有较强的时效性。PMI 的统计来源于 3 000 多家样本制造业企业填写调查问卷的结果,因此数据具有权威性,作为先行指标,可以用来评估宽信用政策的预期目标。

其次,需要从量与价两个维度着手分析经济基本面。如图 1—1 所示,从量的角度看,投资、消费和进出口数据从需求端反映经济情况,工业生产数据则是从生产端反映经济状况;从价格角度看,需重点关注通胀和货币金融数据。这六类宏观指标均是官方在次月中旬左右发布上月数据,故可对此六类同步指标做特定组合,从不同角度观测基本面状况,以此来评估宽信用政策的完成进度。

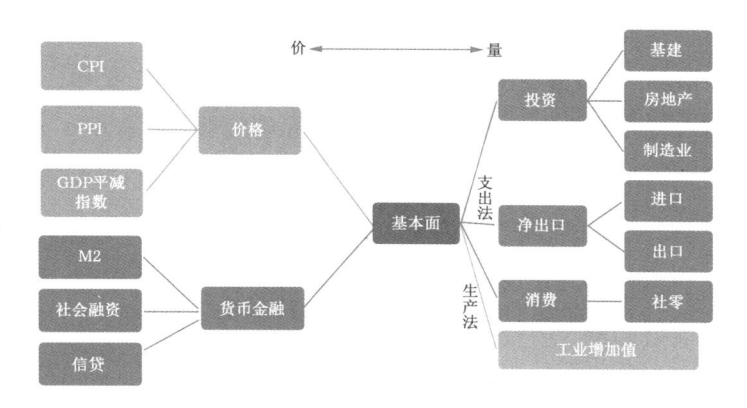

数据来源：作者个人整理。

图 1—1 对经济基本面价、量两个维度的理解

最后，GDP 指标是综合衡量经济增长最重要的指标，但由于其发布频率过低，在投资实践中相对缺乏时效性，故倾向于将季频发布的 GDP 数据作为滞后指标来验证宽信用政策的实际效果。

1.2 让数据更好地服务于债券投资

宏观数据对债市的重要意义不言而喻，应该如何让数据更好地服务于债券投资呢？对于宏观数据的分析与运用，笔者主要有两点心得：一是将复杂的问题简单化，尽可能抓住主要矛盾，努力用精简的指标来解决复杂的问题。实际工作中，虽然 GDP 指标覆盖面最为广泛，但过低的发布频率和滞后性决定了其难以被用来指导投资交易。此时，我们需要退而求其次，利用发布频率高、时效性好的数据及时跟踪基本面的边际变化。例如，可以选择将月度发布的工业增加值增速和 CPI 求和近似看作当月经济增速，虽然准确性不及 GDP 指标，但在时效性上具有相当大的优势，可以用来指导投资决策。二是仔细思考每个指标背后的意义，做好不同数据之间的相互印证。需要强调的是,这种"印证"既可以是证实,也可以是证伪。事实上,很多经济现象背后不仅只有一个指标能对其进行描述。统计局按月发布的工业企业产成品库存数据是用来表征宏观库存最主要的指标,可以帮助我们研究库存周期。除此之外,我们也可以观测PMI库存分项和产销率,并将工业企业产成品库存与其进行相互验证。再如,2023年2、3月新增社会融资分别为3.16万亿元、5.38万亿元,新增人民币贷款分别为1.82万亿元、3.95万亿元,均显著超出市场预期。虽然信贷数据中的居民与企业中长期贷款绝对数值都很高,但市场并不为所动,2023年2月以来,现券利率中枢持续下移。这是因为超预期的社会融资与信贷数据无法与PMI指向的"现实弱需求"相互印证(见图1—2),市场聚焦的核心是"宏观经济需求不足",多重迹象也在表明经济修复斜率的放缓。在笔者看来,相比前述对库存数据的相互验证,这种跨类别指标对经济走势的证实与证伪属于层级更高的印证。只有做好不同宏观指标之间的相互印证,才能让数据更好地服务于债券投资。

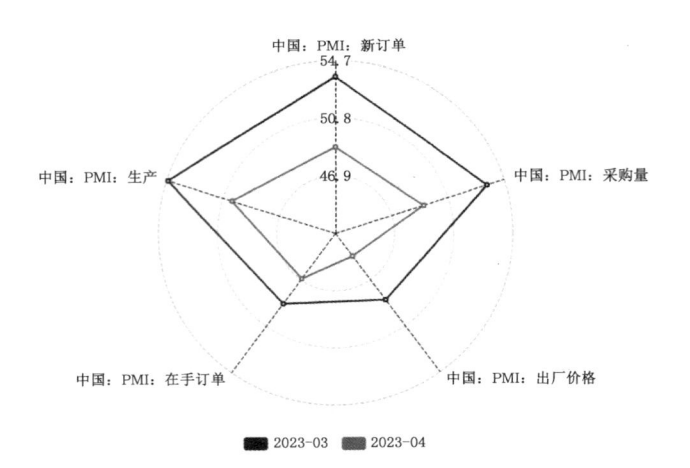

数据来源:Wind。

图1—2 2023年4月PMI数据显示制造业企业正经历"订单—生产—价格—采购"下滑的过程

第 2 章　基于政策利率的角度思考债券定价机制

我们都知道,利率债的走势是基本面、政策面和资金面共振的结果。本章着重站在政策利率的角度思考债券定价机制。从我国实际情况来看,货币政策主要由央行通过公开市场操作、再贴现政策和存款准备金率三大工具的调整来实现,尤其是公开市场操作中的 MLF 投放,其量与价通常被视为货币政策边际变化的信号。但需要注意到我国的货币政策形成机制与其他国家之间存在明显差异。例如,美联储会定期召开利率决策会议(FOMC),市场也会自发地在会议召开前对决议内容达成共识,并且不必过于担心出现预期外的变化。但中国的货币政策调整往往具有"出其不意"的效果,因此市场在把握政策变化的时点和节奏上往往带有一定局限性。如果将投资研究的侧重点过多集中在政策变化上,会给工作带来很大难度。

货币政策是"运用各种工具调节货币供应量来调节市场利率,通过市场利率的变化来影响民间的资本投资,影响总需求来影响宏观经济运行的各种方针措施"的总称。这也意味着政策利率具备极高的研究参考价值。我们认为以 MLF 利率为代表的政策利率不仅是 LPR 的定价基础，而且更是国债收益率的重要锚定指标，事实上已经成为权威的银行间基准定价利率。在本章中，笔者将以在金融市场部从事投资交易工作的经历，来重点探讨债市利率上行/下行的必要条件，以及利用 MLF 为锚的利率定价曲线并结合模型来测算国债收益率在未来一段时期内上行/下行的阻力位，进而为投资操作提供建议和指导。

回顾 2022 年，我国面临内外交困的严峻形势。从内部看，疫情防控下消费与需求持续萎靡阻碍了实体经济的复苏，房地产流动性危机没有得到实质性解决；从外部看，局部战争重塑了产业链格局，逆全球化加息的负面效应外溢令世界经济步入下行周期。

2.1 稳定基本盘需要政策逆周期调节

2.1.1 新增人民币贷款规模断崖式下滑

站在 2022 年 12 月 12 日的时点回顾一下，信贷规模大幅下滑，表面上看是疫情限制了消费需求，更深层次来考量，是市场对实体经济发展缺乏信心，"不是不想贷，而是不敢贷"。我们观察到，2022 年 1 月新增人民币贷款 4.19 万亿元，同比多增 3 944 亿元；5 月新增人民币贷款 1.83 万亿元，同比多增 3 920 亿元；而 10 月新增人民币贷款 4 431 亿元，同比少增 2 110 亿元(如图 2—1 所示)。其中 4 月的信贷数据更具有代表意义，新增人民币贷款 3 616 亿元，仅为 2021 年同期的 44%，反映出市场对未来经济前景较为悲观，证券市场情绪跌入冰点。综上，2022 年人民币信贷需求整体呈现断崖式收缩，市场对经济衰退的忧虑加深。

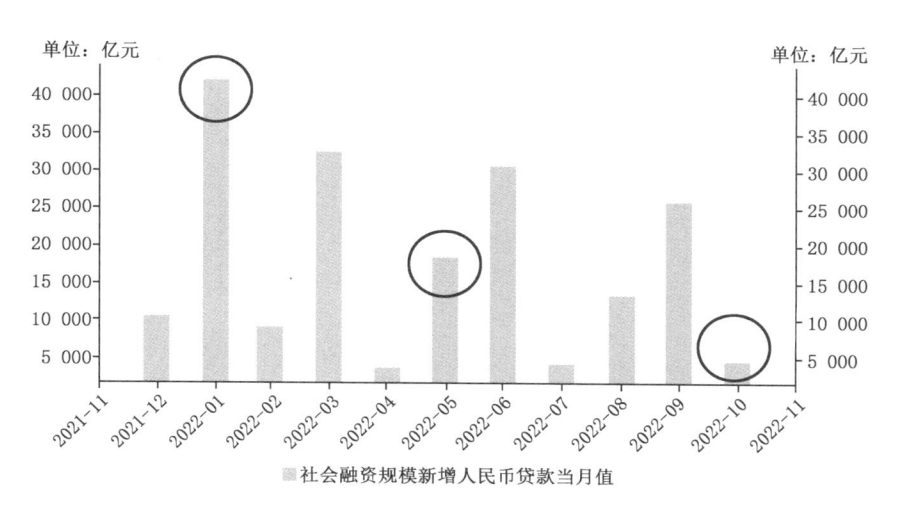

数据来源：Wind。

图 2—1　2022 年人民币信贷需求收缩明显

2.1.2　工业品出厂价格指数 PPI 由正转负

站在 2022 年 12 月 12 日的时点回顾一下，2022 年 PPI 数据同比持续回落。2022 年 1 月 PPI 同比增长 9.1%，达到年内峰值，随后 PPI 同比数据呈现趋势性下降，直至 10 月份同比减少 1.3%，出现负增长（如图 2—2 所示），多方因素共振降低了通胀水平。从外部看，美联储加息缩表有效减缓了通胀压力，大宗商品价格大幅回落；从内部看，产品累库、需求低迷是工业品价格下跌的核心逻辑。如图 2—3 所示，可以发现上期所 INE 原油价格与 PPI 走势呈现高度正相关，2022 年 3 月最高点 823.6 元，12 月初跌至 511.7 元，跌幅高达 37.9%。原油作为大宗商品之王，其价格下跌一方面是迫于美联储政策收紧的压力，另一方面是石油增产但市场缺乏有效需求，供需存在明显的结构性矛盾。

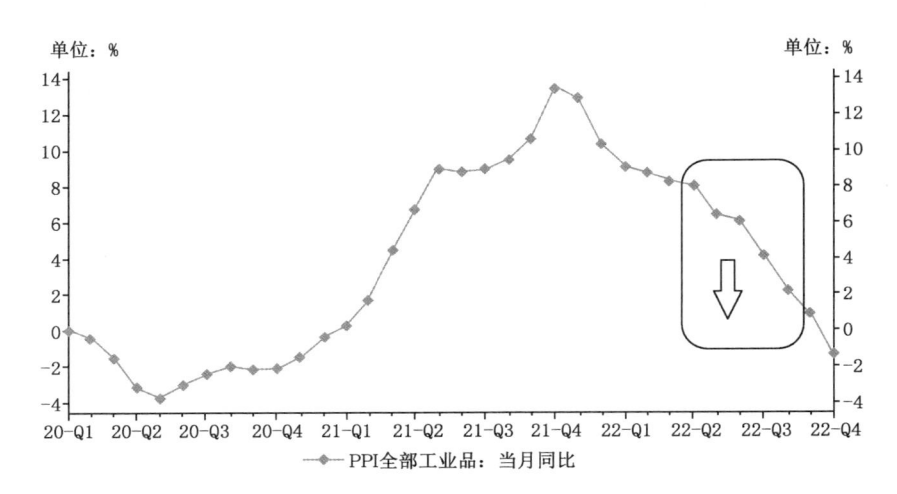

数据来源：Wind。

图2—2　2022年PPI数据同比持续回落

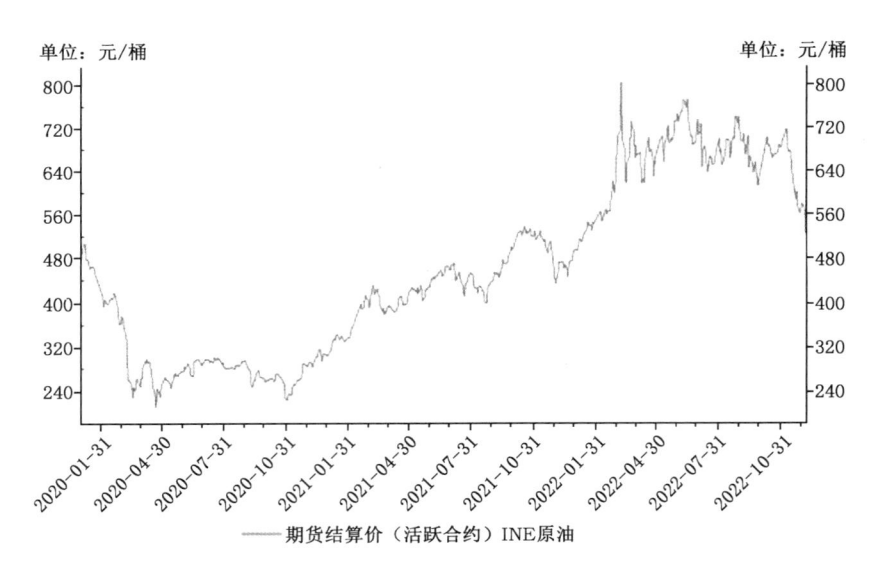

数据来源：Wind。

图2—3　INE原油价格与PPI走势高度正相关

2.1.3 房地产流动性危机仍在蔓延

站在 2022 年 12 月 12 日的时点回顾一下,螺纹钢作为主要的建筑原材料之一,其价格涨跌直接反映房地产行业的景气度。螺纹钢期货主力合约在 2022 年 4 月初一度触及 5 200 元高点,随后仅仅 7 个月时间,价格跌至 3 389 元,跌幅高达 35%(如图 2—4 所示)。截至 2022 年 11 月底,百城二手住宅均价 15 911 元/㎡,连续 7 个月环比下跌;百城新建住宅均价 16 190 元/平方米,连续 5 个月环比下跌;百亿销售额房企数量减半;百强房企拿地规模同比减半。随着房地产新政 16 条的落地,房地产行业在政策的保驾护航下有望平稳健康发展,未来的方向将是"救项目与救企业并存",但房地产危机能否完全化解仍需要持续观察。

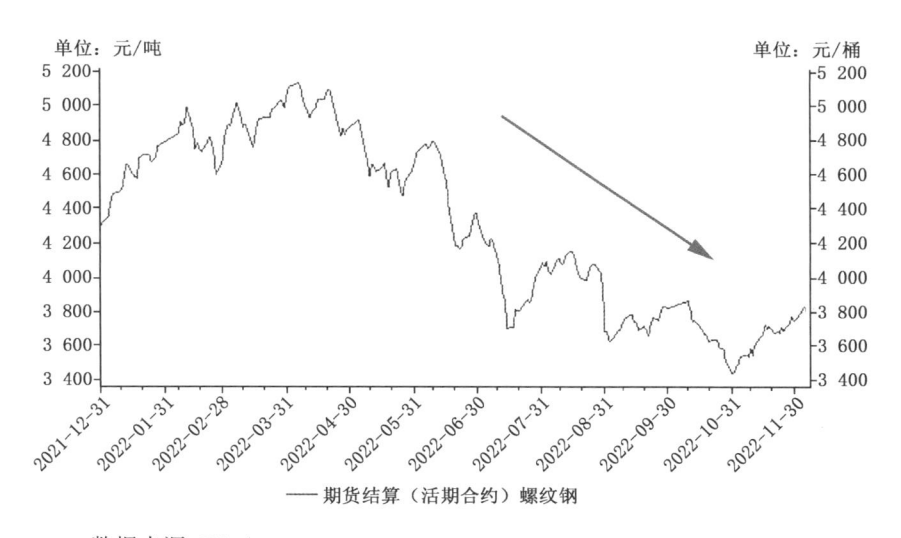

数据来源:Wind。

图 2—4 2022 年 4 月以来螺纹钢期货价格大幅下跌

2.1.4　PMI指标显示宏观经济需求不足

站在2023年5月6日的时点回顾一下，2023年2月以来，现券利率中枢持续下移，有观点将这种现象归结为债市对基本面反应钝化，但我们认为实际情况并非如此。事实上，自从疫情防控措施优化以来，主导债市走势的核心逻辑并没有改变，始终是"经济内生动力不足"。2023年2、3月新增社会融资分别为3.16万亿元、5.38万亿元，新增人民币贷款分别为1.82万亿元、3.95万亿元，均显著超出市场预期。信贷数据中的居民与企业中长期贷款绝对数值很高，却无法与PMI指向的"现实弱需求"相互印证，多重迹象表明经济修复的斜率确实变缓了。由此可见，即便亮眼的社会融资和信贷数据会对行情的预判形成干扰，但债市的逻辑主线仍然是"弱需求"，即经济内循环仍未有效打通。

通过观测PMI数据，2023年4月制造业PMI为49.2%，较3月的51.9%下滑2.7个百分点。如图1－2所示，从分项来看，4月新订单下滑幅度大于生产，在手订单也在下滑，出厂价回落，采购量时隔3个月后再次跌回到荣枯线以下，这说明制造业企业很可能正在经历需求不足→价格下滑→主动削减生产和采购的过程。另外需要注意的是，4月制造业PMI新出口订单下滑2.8个百分点至47.6%，进口分项则下滑2个百分点至48.9%，指向外需边际放缓且内需偏弱。因此，综合来看，国内经济当前面临的首要问题仍是"需求不足"，我们在研判债市走势的过程中，应当抓住这一主要矛盾，最大限度摒弃市场上的噪音。

2.2　以MLF为锚的利率曲线定价体系

2019年8月17日，央行宣布改革贷款市场报价利率（LPR）形成机制,"MLF+点差"成为 LPR 新的定价方式。改革提高了 LPR 市场化程度与灵活性,进一步落实"两轨并一轨"的政策导向。

2.2.1 2019 年 8 月后,MLF 引导全社会融资成本降低

改革后,"MLF+点差"的方式持续引导 LPR 报价下行,有效降低了实体经济融资成本。从 2019 年 8 月至 2022 年 12 月,1 年期 MLF 从 3.3%下调至 2.75%,累计降低 55bp;1 年期 LPR 从 4.25%下调至 3.65%,累计降低 60bp;5 年期 LPR 从 4.85%下调至 4.3%,累计降低 55bp(如图 2—5 所示)。央行通过 MLF 向市场投放充足的流动性,资金供需结构得到改善,债市参与者的融资成本也能有效降低。同样在预期管理方,MLF 降息会很大程度给市场释放货币宽松的信号,消除流动性的不确定因素,债券利率将以下行的方式对预期进行兑现。MLF 不仅仅是 LPR 的锚,也是国债收益率的重要参照指标,成为权威的定价基准利率(如图 2—6 所示)。

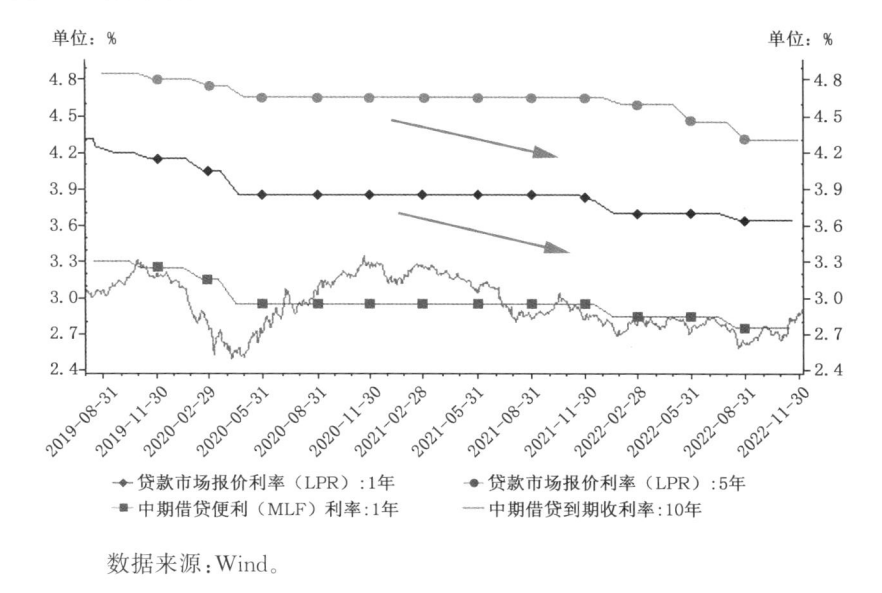

数据来源:Wind。

图 2—5 2019 年 8 月后,MLF 引导全社会融资成本降低

单位：%　　　　　　　　　　　　　　　　　　　　　　　　　　　　　单位：%

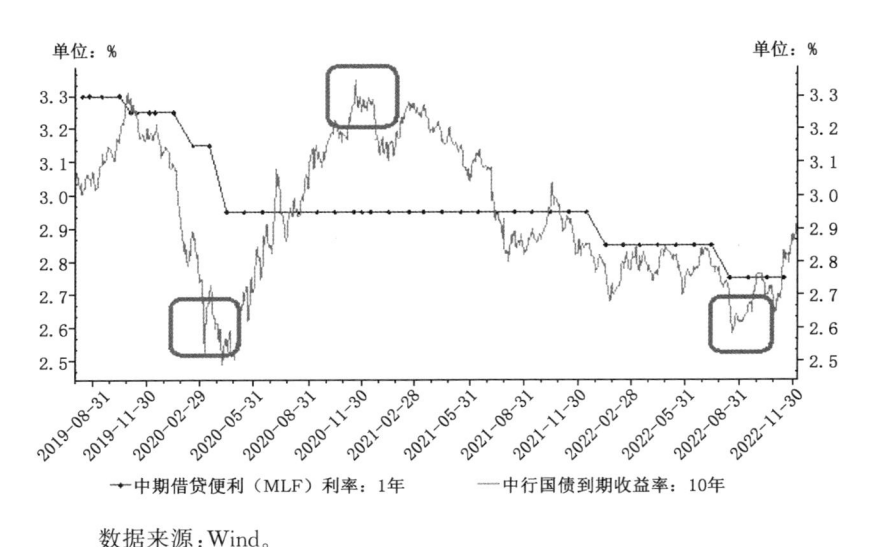

数据来源：Wind。

图2—6　债市已搭建起以MLF为锚的利率曲线定价体系

2.2.2　债市已经搭建起以MLF为锚的利率曲线定价体系

观测区间1：2020年3—4月。疫情暴发对生产经营造成重大冲击，我国一季度GDP呈现负增长，内外需严重下滑，货币政策基调进一步积极，降准降息体现出更大的逆周期调节力度。受益于流动性充裕、叠加避险情绪升温等因素，10年期国债收益率以2.50%为中枢窄幅震荡，1年期MLF利率在疫情后首次下调至3.15%点位。

在此期间，国债收益率与MLF利率呈现显著的倒挂，利差分布为-59bp～64bp，在观察区间的分位值为2.7%～7.2%。如前文所述，虽然债市走牛得益于多重利好，但国债价格与MLF利率较为严重地偏离正常区间，位于极低的分位水平。以国债为代表的无风险利率与政策利率的利差呈现异常的扭曲现象，故国债估值大概率面临修复，后市收益率中枢的上移也证实了这点。

观测区间2：2020年11—12月。2020年11月PMI数据为52.1%，

为2018年以来新高,且连续9个月处于扩张区间,反映出疫情后经济复苏强劲,市场供需关系大幅改善,PPI价格同比持续上升。权益市场完成筑底的同时走出结构性行情,长端债券受"强预期、强现实"的主导,在风险偏好与投资性价比两方面的情绪压制下利率水平不断走高。

国债收益率围绕3.3%横盘震荡,而MLF利率依然维持2次降息后的2.95%。相较于2020年4月,本次国债收益率与MLF呈现出另一种极端性背离,利差分布为+34bp~+37bp,在观察区间的分位值为94%~97%。如果说前者对经济前景悲观和货币政策宽松的定价过于激进,那么这次国债利率大幅上行的主逻辑则是市场对基本面修复过于乐观而采取的非理性抛售。

表2-1 2020年11-12月,10年期国债收益率与MLF利差位于高分位区间

日 期	MLF利率(%)	国债收益率(%)	利差(bp)	分位值
2020-11-18	2.95	3.324	37.4	97.68%
2020-11-20	2.95	3.31	36	96.37%
2020-11-27	2.95	3.3	35	95.43%
2020-12-02	2.95	3.292 5	34.25	94.73%
2020-12-11	2.95	3.295 1	34.51	94.97%
2020-12-18	2.95	3.290 2	34.02	94.51%
2022-08-24	2.75	2.61	-14	49.48%
2022-08-29	2.75	2.622 5	-12.75	50.65%
2022-08-31	2.75	2.622 5	-12.75	50.65%
2022-09-02	2.75	2.622 6	-12.74	50.66%
2022-09-07	2.75	2.621 5	-12.85	50.56%
2022-09-08	2.75	2.625 6	-12.44	50.94%
2020-03-09	3.15	2.520 5	-62.95	3.57%
2020-04-01	3.15	2.555	-59.5	6.81%
2020-04-07	3.15	2.511 2	-63.88	2.70%

续表

日期	MLF 利率（%）	国债收益率（%）	利差（bp）	分位值
2020—04—09	3.15	2.522 6	－62.74	3.77%
2020—04—10	3.15	2.540 3	－60.97	5.43%
2020—04—14	3.15	2.559 1	－59.09	7.19%

数据来源：作者个人整理。

观测区间3：2022年8—9月。2022年债市的博弈主线较为单一，即"宽货币"是否达到"信用扩张"的效果。全年来看，信贷数据成为市场关注的焦点，社会融资规模不及预期，那么"货币政策工具箱就要开得更大一些"。2022年8月15日，MLF利率调降10bp，债市走出快牛行情，10年期国债收益率短时间向下触及2.62%关口。

国债收益率与MLF形成倒挂，利差分布为－12bp～－14bp，在观察区间的分位值为50%。故此次降息后，国债的走势符合预期，并未对基本面过度定价，因为站在配置的角度考量，购买1年期限的同业存单可能比国债更具有吸引力。

自2019年8月利率改革后，以2023年5月5日为统计终点，国债收益率与MLF的利差整体波动区间为（－62bp～＋37bp），其中有65.41%的利差值集中在（－15bp～＋15bp），较高的利差集中度表明利率传导机制的有效性进一步提高，意味着债市已经搭建起以MLF为锚的利率曲线定价体系。即以MLF为利率中枢，10年期国债收益率大概率维持在±15bp区间内震荡。

表2—2　　　　　　　　国债与MLF利差统计

利差区间（bp）	累计天数	利差集中度（%）	投资性价比
（＋25～＋35）	76	8.68	超卖
（＋15～＋25）	123	14.04	超卖
（－15～＋15）	573	65.41	均值

续表

利差区间(bp)	累计天数	利差集中度(%)	投资性价比
(-15~-25)	69	7.88	超买
(-25~-35)	35	4.00	超买

备注：统计区间为2019年8月1日—2023年5月5日。

数据来源：作者个人整理。

2.3 通过利差计算债市配置的合意区间

2.3.1 观测窗口1:2022年12月

站在2022年12月12日的时点展望来看,通过解读2022年12月中央政治局会议的要点,我们推断2023年货币政策大概率将维持原有的宽松基调,在此假定政策利率保持不变,即MLF利率依然延续2022年8月降息后2.75%的水平。虽然未来稳消费会成为经济企稳的主要驱动力,10年期国债收益率可能面临一定上行压力,但历史经验表明,MLF+37bp仍是收益率的极值,即如果政策利率保持不变,则3.10%附近会成为2024年10年期国债收益率上行的较强阻力位。考虑到利差集中度的约束,二者利差均值会向(-15bp~+15bp)回归,那么3.0%以上便是债市配置的黄金区间。

2.3.2 观测窗口2:2023年5月

站在2023年5月6日的时点来看,以2023年2月1日为观察起点,主要期限国债收益率均有所下行,其中30年期国债收益率从3.29%下行17bp至3.12%,10年期国债收益率从2.91%下行15bp至2.76%,5年期国债收益率从2.71%下行11bp至2.60%,3年期国债收益率从2.

54%下行10bp至2.44%,1年期国债收益率从2.16%下行3bp至2.13%。其中30年期国债下行幅度最大,表现亮眼。如图2—7所示,目前30Y—10Y利差34.9bp,已经位于移动两年3.2%分位。事实上,利差压缩情况不仅仅局限在超长端,10Y—5Y、10Y—3Y、10Y—1Y目前分位值分别为29.7%、27.3%、26.5%,也都处于历史较低区间。因此,收益率曲线弯曲程度从1Y至30Y均出现不同程度的压缩。

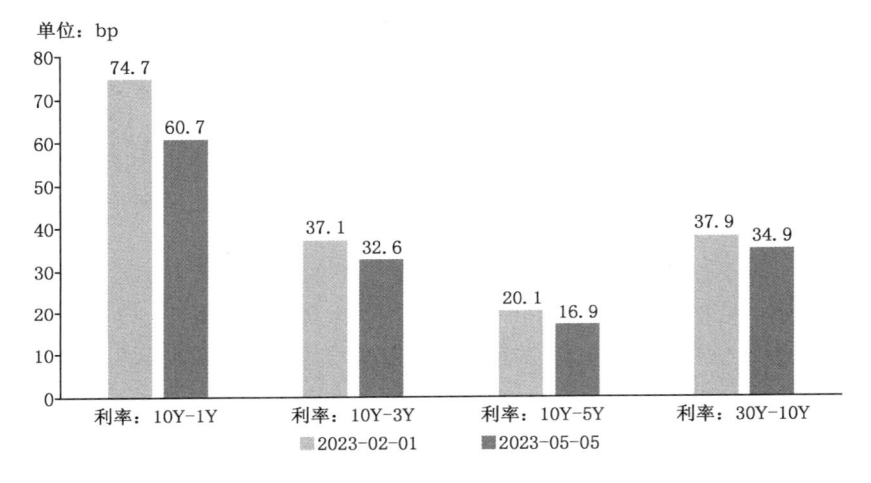

单位:bp

利率	2023-02-01	2023-05-05
10Y-1Y	74.7	60.7
10Y-3Y	37.1	32.6
10Y-5Y	20.1	16.9
30Y-10Y	37.9	34.9

数据来源:Wind。

图2—7 2023年2月以来,超长端、长端与中短端国债利差显著收窄

而利差压缩是否一定意味着超长端与长端债券投资的性价比变低?答案是否定的,我们需要透过现象看到问题的本质。一方面,30年期国债票息收入高,具有天然的配置属性,是长期限稳定资金(如险资)青睐和追逐的品种,但仅此原因显然无法解释2023年2月以来30年期国债如此火热的行情。事实上,除票息更高以外,30年期国债更重要的优势在于其久期与凸性价值更高(见表2—3)。这是因为在预判长端利率大概率下行的背景下,30年期国债的久期受凸性的影响会持续修正,债券净价将以更大的加速度上涨,这种优势是其他期限品种不具备的。因此积极参与配置既能得到票息的固定收益,又能博取久期的资本利得,还

能坐享凸性的加速度优势,是一举多得的事情,能够显著增厚投资组合收益。

表2—3　超长端债券不仅具有高票息收入,还有更高的久期和凸性价值

债券代码	到期收益率/%	净价	久期	凸性	票面利率/%	剩余期限(年)
230010.IB	2.13	99.92	0.96	1.83	2.05	0.97
160010.IB	2.43	101.35	2.82	9.65	2.90	3.00
210007.IB	2.59	101.94	4.49	25.86	3.01	5.02
130009.IB	2.76	110.63	8.29	80.59	3.99	9.96
230009.IB	3.12	101.40	19.25	489.61	3.19	29.95

数据来源:Wind。

在实际的投资交易中,我们需要对利率区间进行更为精准的预判,以助力我们实现利润目标。为了有效降低预测的误差,应当对2022年8月15日MLF降息后债券收益率赋予更高的权重,在此我们的模型不妨仅对降息后的10年期国债收益率作为变量进行测算。由于当时10年期国债活跃券为220010,模型间接地通过预测220010的利率区间以辅助判断新10年期国债活跃券230004的点位。站在2023年5月6日的时点,以月度和季度为观测区间,假定政策利率在后续观测区间内维持不变,即MLF利率依然延续2022年8月降息后2.75%的水平,模型分别对10年期国债220010在观测区间内的收益率高、低点进行测算(模型计算方法参考第12章"现券利率风险的测算与分析")。测算结果显示,1个标准差下的月度低点在2.7125,季度低点在2.6595;2个标准差下的月度低点在2.6401,季度低点在2.5340。如表2—4所示,1个标准差的预测大大缩小了利率区间预测范围,故2.7125的月度低点更为精确,具有较强的说服力,220010与当前的10年期国债活跃券230004之间的利差基本维持在3bp,因此站在2023年5月的时点看,如果后续观测区间内政策利率保持不变,2.68%附近会成为10年期国债活跃券230004未来一个月内收益率下行的较强阻力位。

表 2—4　　　　　　　　　220010 收益率区间测算

	低点	高点	
220010 月度波动范围测算	2.712 5	2.857 5	1 个标准差，
220010 季度波动范围测算	2.659 5	2.910 5	68.2%的置信度
220010 月度波动范围测算	2.640 1	2.929 9	2 个标准差，
220010 季度波动范围测算	2.534 0	3.036 0	95.4%的置信度

数据来源：作者个人整理。

因此，站在 2023 年 5 月 6 日的时点，并结合前文的分析，我们给出以下投资操作建议：一是优化现有持仓结构，搭配卖出投资组合中浮动亏损的老券和浮动盈利的新券，为投资组合后续加仓腾挪空间；二是根据模型预判的点位，对当前持有资产有节奏地止盈减仓，例如在 2.75 的点位减持 5%～10%仓位，在 2.70 的点位再减持 5%～10%仓位，并以此类推；三是需要适时卖出投组中的长债，买入超短端债券，调整加权久期，为后市利率上行留足现金储备。

第3章 探索基本面向债市"由面及点"的传导逻辑

在第2章中,我们主要从政策面的视角为债券投资和研究提供分析思路和操作建议。另外"两碗面"中,资金面对短端利率的影响最直接,基本面因素更多作用于长端利率。具体到实践中,一方面长端利率受到更多的市场关注,另一方面其研究的可行性也相对更高,因此对经济基本面及其向长端利率传导路径的分析一直是投资者重要的基础工作。

在笔者看来,可以从价和量两个维度去解读基本面数据,二者相互补充、相互印证,本质上相当于一枚硬币的正反面。如图1-1所示,在量的角度,投资、消费、净出口"三驾马车"和工业增加值分别从需求端和供给端描述经济状况;在价格角度,则主要关注通胀指标和货币金融数据。

笔者在金融市场部工作中最深切的体会就是要尽量把复杂问题简单化,这是因为市场中无时无刻不充斥着各种噪音对投资决策形成干扰。作为投资者,能够在千头万绪的信息中抓住市场的主要矛盾就显得非常重要，尤其是对于经济基本面的研判。"三驾马车"虽然可以全面反映宏观经济总体需求，但是若把每个分项都进行精确分析反倒可能会让我们的认知偏离市场的主逻辑。事实上也没有必要这样做，正如巴菲特所说，"模糊的正确要远胜于精确的错误"。

房地产开发投资在固定资产投资中占有较大权重，房地产销售会直接作用于消费，而2022年国内固定资产投资完成额和社零总额在全年GDP中的占比分别为47.3%和36.3%，合计占比近84%，是占比最高的两项。因此，如果我们希望能用某项指标或某一行业来最大限度地反映总需求，笔者认为非房地产莫属。

房地产行业的特殊性还体现在对附属产业和关联行业产生的显著拉动作用。经济体量大、涉及范围广、产业链条长是房地产行业的重要特点。房地产会带动钢铁、建筑、建材、五金、装修、家电等诸多行业的发展。因此，无论从推动生产的角度看，还是从附属产业链发展进而推动融资需求的角度看，房地产行业与宏观经济和利率走势都有着非常密切的关系。

投资交易中我们非常关注债券的利率走势，笔者以在金融市场部的投研工作经历来探讨房地产行业向债市传导的深层逻辑，并致力于对投资决策提供相应的理论支持。

本章是笔者在2023年3月2日所写，并站在这一时点对市场进行分析与研判，考虑到时效性，"当前时点"均指2023年3月2日。

3.1 房地产与无风险利率的相关性分析

一般认为宏观研究对利率走势和债市方向的指引居于最重要的地位，"自上而下"也是目前市场上最经典、最主流的债券投资分析框架。若定要寻找"自下而上"的分析模式，微观行业中的房地产无疑是债券投资者最关注的领域。虽然房地产未必直接同比到利率市场,但一方面,鉴于房地产地产行业巨大的体量、漫长的产业链和其对国内经济广泛而深刻的影响,房地产通常可被视为宏观经济变化的前瞻信号;另一方面,房地产政策信号通常较为清晰可见,因此历史上房地产行业任何一次政策的出台都会对利率市场造成瞬时的情绪冲击,如 2022 年 11 月,"金融 16 条"和"房地产三支箭"相继出台,导致债市大幅调整。

债权融资与房地产行业具有天然的债权债务关系。首先,债权融资作为房地产行业最核心的融资渠道,成为其最大的债权方;其次,源于两者之间复杂而密切的信贷关系,房地产行业的政策变动及预期转向都会潜移默化地作用于债权融资渠道。故"房地产市场变化通过何种方式影响并传导至债券市场,以及在房地产市场影响下债券市场将如何选择方向"成为市场亟须解决的关键问题。

当下,房地产作为典型的高杠杆经营行业,虽然直接融资渠道已得到一定发展,但鉴于我国银行主导型的金融体系,间接融资即传统的银行信贷,依然是房地产行业最主要的融资方式。因此我们认为,房地产市场变化主要通过流动性和融资两个维度向债券市场传导并间接影响利率和债市走向。

3.2 宏观层面——房地产投资改变市场流动性结构

房地产市场对债券市场的传导效应从宏观层面可以归结为房地产信贷投放改变银行间市场流动性结构,进而使债券市场面临被动调整。

房地产通过改变流动性结构并作用于债券市场的过程,准确来讲是金融机构统筹资金流向进而优化资产负债表管理,及时采取措施防范化解风险,并以监管政策为导向进行经营预期管理的过程。具体来看,该过程可以划分为以下两方面：

第一，金融机构统筹资金流向，优化资产配置。金融机构在日常经营活动中的资金使用遵循"安全性、流动性、收益性"的原则，即资金投向既要平衡好收益与流动性的关系，又要平衡好收益与安全性的关系，这就需要对资产负债表结构进行合理调整。当银行决定加大信贷投放时，资产负债表得以扩张，银行信贷投放在资产中的占比提高，相应债券投资科目将减少，房地产市场景气度也随之提高，银行为了满足资金的收益性，会更进一步加大对房企的融资力度，压缩资产负债表中的债券投资额度。反之，若房地产行业步入下行周期，房地产债务违约风险抬升，紧缩型信贷政策将成为主流，而流动性的收紧会进一步加剧违约风险，此时银行会提高债券投资占比，压缩信贷投放，以缓解净利润下滑，实现安全稳健经营的目标。

如图3-1所示，2017年以后，10年期国债收益率与房企融资规模增速走势基本一致。这种现象的背后就是房企融资通过改变金融机构资金流向影响了银行间市场流动性结构，进一步使债市产生被动调整。

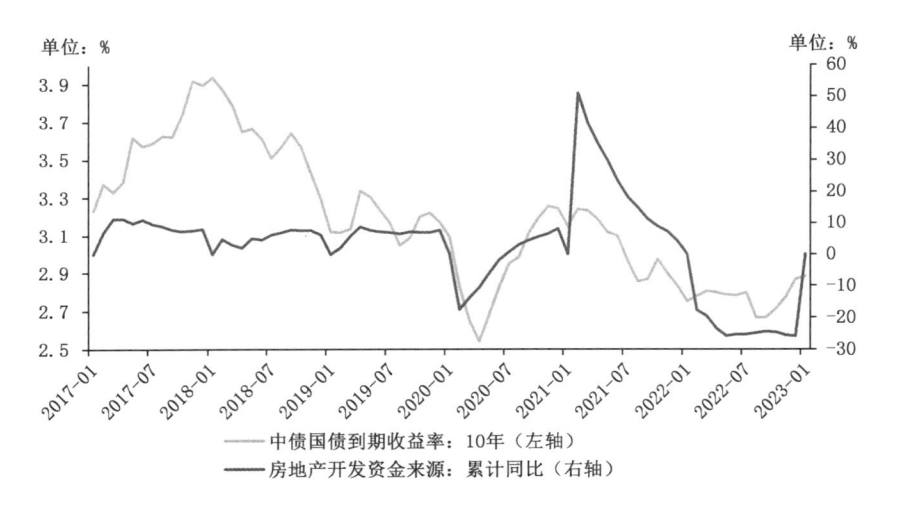

数据来源：Wind。

图3-1　10年期国债收益率与房企融资规模增速走势

第二，以监管政策为导向进行经营的预期管理，完善资产负债结构。隐蔽性、危害性是房地产行业的主要风险特征，具体表现是信息不对称和风险外溢效应。由于信息存在不对称的弊端，投资者无法及时了解市场主体真实的经营状况和财务状况，面对新增的负面信息时通常会更加敏感。当房屋销量或是房价大幅下跌时，风险积聚并从房地产行业传导至相关产业链，会引发连锁反应，资金从房地产行业中抽离亦是不得已的选择。综上，房地产行业自身的风险属性意味着监管政策干预的必要性，一旦房地产行业危机爆发并蔓延，市场自我调节功能失灵，行业便难以回归理性的发展轨道，因此需要监管政策行政化调节与管控，引导市场健康发展。站在市场参与者的角度，深入领会监管意图并把握政策导向，有助于平衡经营活动中"安全性、流动性、收益性"三者间的关系，有利于做好预期管理并实现稳健经营持续发展。

以2021年起全面实行的房地产融资"三道红线"新规为例，其具体要求如表3－1所示。

表3－1　　　　　　　　房地产融资"三道红线"新规

档次	有息负债增速限制	标准1	标准2	标准3
红色档	有息负债不得增加	剔除预收款后的资产负债率＞70%	净负债率＞100%	现金短债比＜1
橙色档	有息负债规模年增速≤5%	剔除预收款后的资产负债率＞70%	净负债率＞100%	
		剔除预收款后的资产负债率＞70%		现金短债比＜1
			净负债率＞100%	现金短债比＜1
黄色档	有息负债规模年增速≤10%	剔除预收款后的资产负债率＞70%		
			净负债率＞100%	
				现金短债比＜1
绿色档	有息负债规模年增速≤15%	剔除预收款后的资产负债率≤70%	净负债率≤100%	现金短债比≥1

数据来源：根据公开资料汇总。

受融资新规影响，房企融资规模增速大幅下滑，从2021年2月51.2%的高点一路下滑至2022年12月的－25.9%（见图3－1）。从资产负债管理的角度看，在金融机构资金"安全性、流动性、收益性"的统筹安排下,房企融资受限会进一步加速银行间市场资金流向债市,这一点也可以从图 3－1 中得到印证。

3.3　微观层面——房地产投资影响债券资产回报率

　　土地资源的稀缺性使得房产作为一种商品,同时具有居住属性和金融属性。因此,房价本身除了反映实际居住需求外,还反映了基于房价上涨预期下的投资需求。需要注意的是,房价变动具有很强的正/负反馈效应,当房价上涨时,投资需求增加,通常会带动房价继续上涨;反之,当房价下跌时,投资需求减少叠加卖盘数量增加,房价很可能持续下跌。

　　房地产市场对债券市场的传导效应从微观层面可以归结为房价变动本身进一步强化了其变化趋势,进而通过影响投资回报率高低来左右货币政策取向。

　　房地产市场的平稳健康发展对促进宏观经济增长起到举足轻重的作用,但近年来房地产领域风险积累且呈现集中爆发态势,当务之急则是需要国家层面进行有效的宏观调控,其中以货币政策为代表的政策工具是主要的调控方式。2017 年后"房住不炒"定位的提出意味着房地产市场向住房的居住属性回归,同时也标志着房地产行业向新发展模式转型,不管是房价本身还是监管政策层面都呈现出结构性特征。

　　第一,从房地产价格角度看。房产作为一种商品,其价格上涨会提高投资收益率,房企主营业务收入增加的同时现金流状况会持续改善,有助于提高企业的融资能力;站在银行的角度,资产价格的上涨在一定程度上可以降低信用风险,增强银行信贷投放意愿,资金流入会再次抬升资产价格,这就是信贷与价格之间的良性反馈效应。但区别于普通商品,由于房产兼有居住属性与投资属性两大特性,因此其销量和价格与当地经济发展水平和政策支持力度相关性很强，房地产价格面临显著的地域差异，市场的结构性分化进一步凸显。故在房地产新常态下，房价不具备普涨的基础（见图3—2），结构性分化是大势所趋，因此通胀不是当前市场的主要矛盾，不会对货币政策形成掣肘。这种情形下，货币政策取向主要侧重稳增长，以托底经济为第一要务，从总量上看，预计仍会呵护债市。

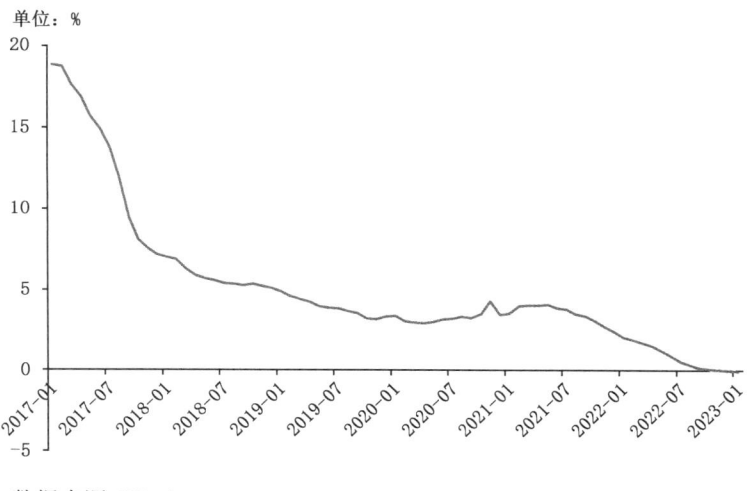

数据来源：Wind。

图3—2 百城住宅价格指数（同比）

第二，从行业监管政策层面看。近年来出台的监管政策意在进一步规范行业融资渠道与融资方式，妥善化解经营风险，帮助房地产行业实现出清表内风险、防范表外风险的长远目标。监管政策最终目的是引领房地产行业平稳健康发展，而不是市场化激励机制，具体措施是实现分层管理，采取紧缩型的融资政策，提升融资难度并且提高融资成本，有区别地对待企业和项目。在实践中表现为由"救项目不救企业"，修正为"帮扶优质房企和优质项目"。

如图3—3所示，2022年以来，房地产行业新开工施工、竣工和销售面积增速都处于下跌区间，行业整体景气度难以比肩之前水平。考虑到潜在经济增速整体在不断下滑,货币政策操作更应注重逆周期调节,资金价格方面也有利于债市(见图3—4)。

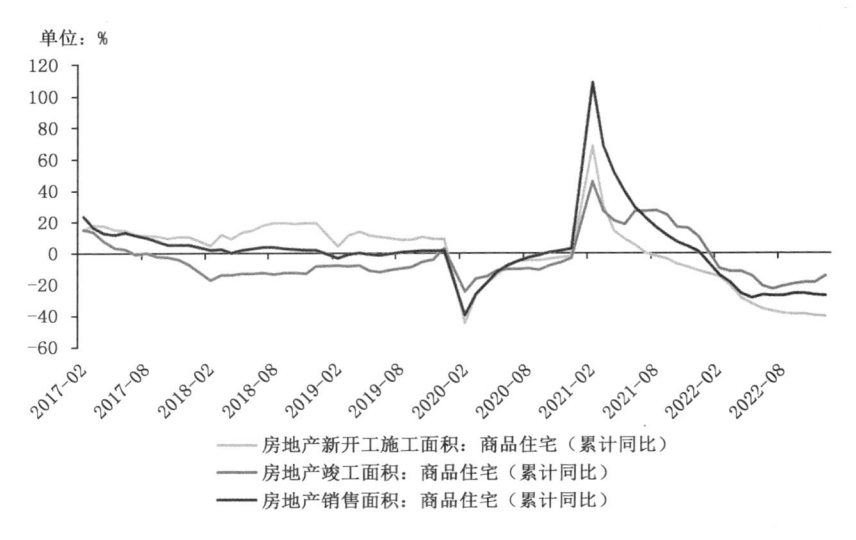

数据来源:Wind。

图3—3 房地产新开工施工、竣工和销售面积情况

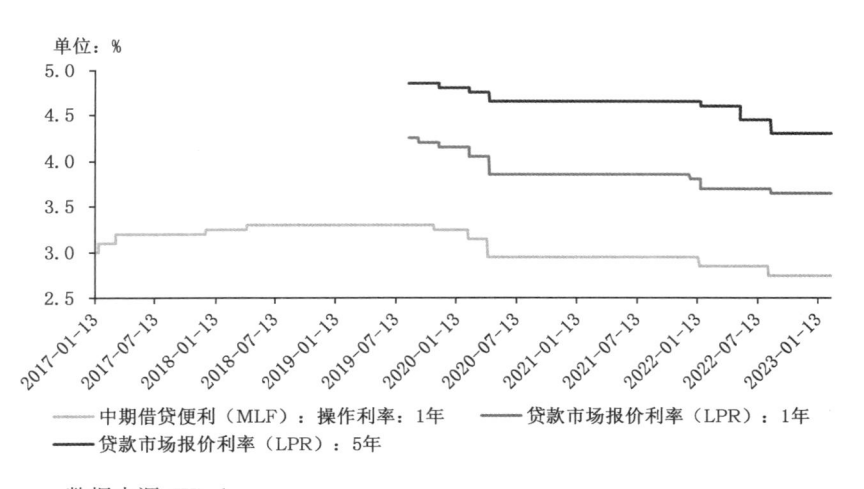

数据来源:Wind。

图3—4 资金价格变动趋势

本章阐述了基本面向债市"由面及点"的传导逻辑,对房地产和无风险利率的相关性进行了分析。既从宏观层面解释了房地产投资如何改变市场的流动性结构,又从微观层面解释了房地产投资如何影响债券投资回报率。站在当前时点,通过对现阶段房地产行业发展状况及未来趋势的研判,我们认为货币政策将持续在量与价两方面统筹发力以稳住经济基本盘,对债市形成实质性利好。展望年内行情,在市场预期经济复苏的背景下,10年期国债收益率虽有一定上行压力,但也难以回到前期高点,短期内预计会以 2.8% 左右为中枢,在 2.7%~3.0% 的区间内宽幅震荡。

第 4 章 经济周期是债市的核心驱动力量

笔者在第 3 章中已经提到,经济基本面是决定长端利率走势最重要的因素。结合宏观经济指标的代表性和发布频率,市场通常选择工业增加值同比、CPI 等作为观测基本面的代表性指标,因此经济增速(工业增加值)和通胀(CPI)的"双轮驱动模型"在很长一段时间都是市场分析长端利率走势的主流方法。

我们可以从经济周期的角度来理解基本面驱动债市运行的逻辑,在此通过"美林时钟"的资产轮动概念来说明。如图 4-1 所示,"美林时钟"通过排列经济增长和通胀的四种组合,将经济周期分为衰退、复苏、过热和滞胀四个阶段。按照"美林时钟"的资产轮动逻辑,债券在经济衰退期表现最好,在此期间经济增速和通胀都位于下行通道,与"双轮驱动模型"的结论一致。

第 4 章 经济周期是债市的核心驱动力量 | 35

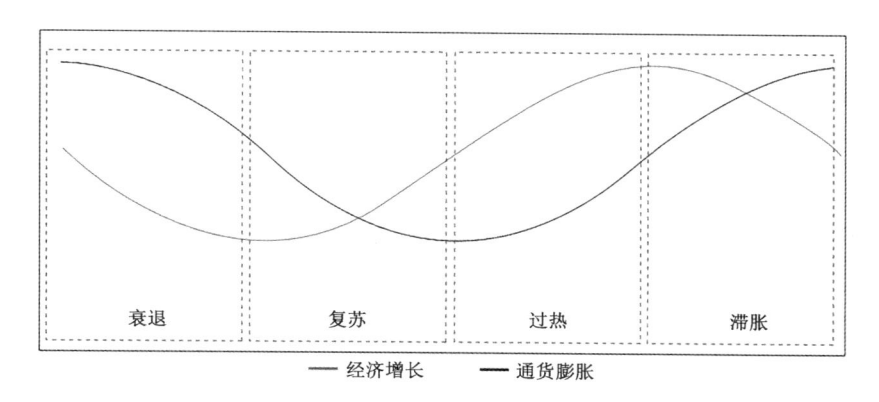

数据来源：Wind。

图 4—1 美林投资时钟的周期阶段划分

然而，拉长历史周期后发现，"美林时钟"在国内资本市场上的适用性并不强。虽然大类资产在不同阶段的表现与"美林时钟"类似，但在具体的价格变动层面缺乏显著的规律性。综合来看，在经济复苏和过热阶段，往往股票和大宗商品的表现最为亮眼，但不同类别的资产在相同的历史阶段表现大相径庭。例如，在2005—2006年的复苏阶段，股市赚钱效应明显；在2016年5—8月的复苏阶段，大宗商品更受资金的追捧。此外，在滞胀阶段大宗商品价格韧性较强，而现金类资产在各个阶段都很难有亮眼的表现。

适用于美国资本市场的"美林时钟"在国内应用效果有所折扣，一定程度上是因为中国的货币政策和利率体系与国外有较大差异。美国的货币政策一直锚定通胀水平和充分就业两个指标。在此框架下，经济增长和通胀水平会对货币政策产生显著影响，进而对市场利率进行预期交易，并最终传导至资产价格，这是"美林时钟"较为契合美国的原因。但我国的货币政策目标除了包括促进经济增长、保持物价稳定、充分就业和维持国际收支平衡外，还要兼顾金融稳定和金融改革（如防风险、金融开放）等。在诸多目标的约束下，"经济增长和通胀"与货币政策的相关性变弱，尤其是近年来通胀的波动在下降，而金融稳定（防风险）在货币政策考量中的重要性越发明显，这意味着短期市场利率与"经济增长和通胀"之间的相关性也会随之减弱，"美林时钟"在国内的有效性被削弱了。在这种情况下，一个可行的研究方法是通过分析库存周期当前所在的位置来研判经济的运行方向，进而把握利率波动趋势，给债券投资提供建议和指导。下面对库存周期相关概念进行简单说明。

库存一般指企业部门为进入制造或流通环节而储备的相关资产，主要包括原材料、中间品和产成品库存，在企业的资产负债表中体现为流动资产。库存周期本质上是"宏观尺度的工业库存水平周期性的运动规律"，一个周期长度约为3年。回顾历史表现，供给侧的工业库存周期、需求侧的房地产周期、社会融资周期、锚定多重目标的货币政策周期以及债市牛熊周期等也大多以3年为时间跨度。由于我国当前仍是工业大国，以不变价GDP计算，2021年工业在GDP中的贡献超过31%，同时工业库存数据也是计算宏观经济指标的主要权重项，故其重要性不言而喻。

库存变动作为一个流量指标，包括补库存和去库存。如果把库存理解为当期供给与需求的轧差，并综合考虑库存变动方向和补/去库存背后企业的主观意愿后，库存的变化通常可以体现出一段时期内供需力量的相对强弱。例如，补库存和去库存均可以划分为主动和被动两个阶段，其中被动去库存和主动补库存对应需求扩张，而被动补库存和主动去库存则对应需求收缩。要说明的是，我们需要从多重维度研判当前经济时点所处的库存周期阶段。既能以大宗商品的视角来体会，也可以具体到某类中观行业去观察，抑或是通过某些经济指标（如PMI）去解读。只有通过诸多要素的互为补充与互相印证，才能够帮助我们正确了解所处的库存阶段。在本章，我们通过一个实例所引发的思考，来阐释如何以库存周期的视角去理解宏观经济走势。

本章是笔者在2023年4月11日所写，并站在这一时点对市场进行分析与研判，考虑到时效性，"当前时点"均指2023年4月11日。

4.1 "发改委发声"阐明供需失衡的现实

2023年4月上旬,发改委再次发声打击铁矿石价格炒作,"供给增加"和"下游需求疲弱"成为表态的关键词,与此同时,市场投资者需要做的是深刻领会监管层措辞的含义。由此我们从监管层的定调看,目前库存周期依然处于"去库存"阶段,下一阶段库存去化是经济工作的主线。

2023年年初以来,债市主逻辑经历了从"强预期"转为"弱预期"再到"弱现实"的3轮切换,债券收益率中枢稳中有降。站在当前时点,展望后市,"债券的表现取决于经济修复斜率"这一观点似乎已成为大多数人的共识,同样"收益率曲线陡峭化"也逐渐成为市场关注的焦点。但在我们看来,大疫过后国内经济恢复基础尚不牢固,基本面修复并非一蹴而就的事情,正如前文所说,目前我国的库存周期仍处于去库存阶段,经济活动还未完成从"收缩"向"扩张"的交替,因此,债市在未来较长时间内具有很强的安全边际,看空与做空着实不是明智之举。

4.2 关键指标揭示当前库存周期的位置

4.2.1 视角1:铁矿石价格——定价回归供需,去库存周期抑制价格上涨

目前"进口"仍是我国购买铁矿石的主要途径。具体看铁矿石的定价,主要由实际供需关系、政策导向及货运成本三方面决定。虽然铁矿石的航运成本或是相关国家政策法规会对价格造成阶段性扰动,但"实际供需关系"仍是对铁矿石定价起决定性的因素。

以国家提出供给侧改革为时点回顾铁矿石价格走势,其间有三个较为显著的高点,分别是2021年5月、2022年6月和2023年3月。这三个时点铁矿石涨价的背景各不相同:第一次是武汉疫情结束后国家强力刺激经济复苏,推动基建与制造业发展,钢厂面临原材料供应不足的局面,此时铁矿石库存较低,涨价归因于实际的供不应求;第二次是俄乌冲突后能源价格大幅上涨,导致航运费与各种附加费较往期出现明显上浮,而此时铁矿石库存又处于历史较高位置,故此次"被动式的涨价"主要缘于能源价格和航运费的波动;第三次,以原油为代表的主要能源已经从高点大幅下跌,反观铁矿石不仅库存水平过高,处于历史90%分位(见图4—2),而且其价格在5个月内上涨幅度超过50%,位于历史78%分位(见图4—3),已经与基本面背离,属于典型的炒作式涨价。后期伴随以铁矿石为代表的大宗商品供应将逐步增加,并且市场维持"强供给、弱需求"的格局,去库存周期远未见底并将持续较长时间,后市各类资产的价格表现取决于去库存的进程。

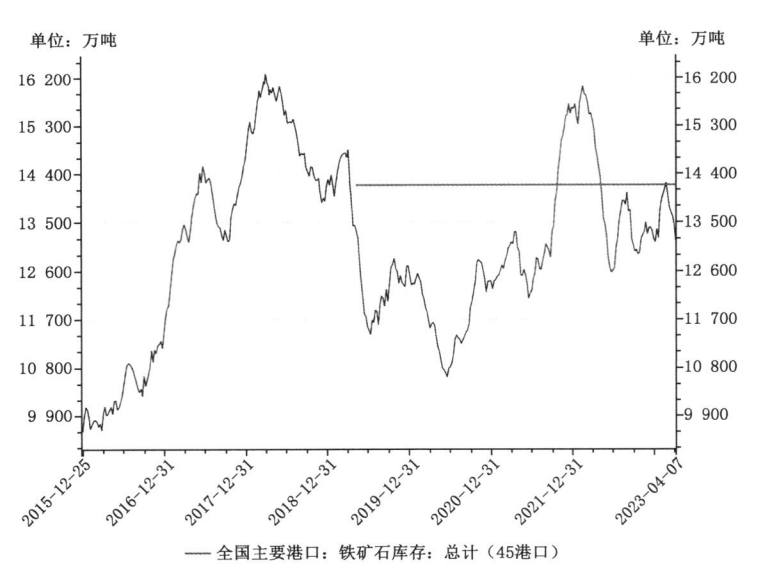

数据来源:Wind。

图4—2 铁矿石库存水平目前处于历史90%分位

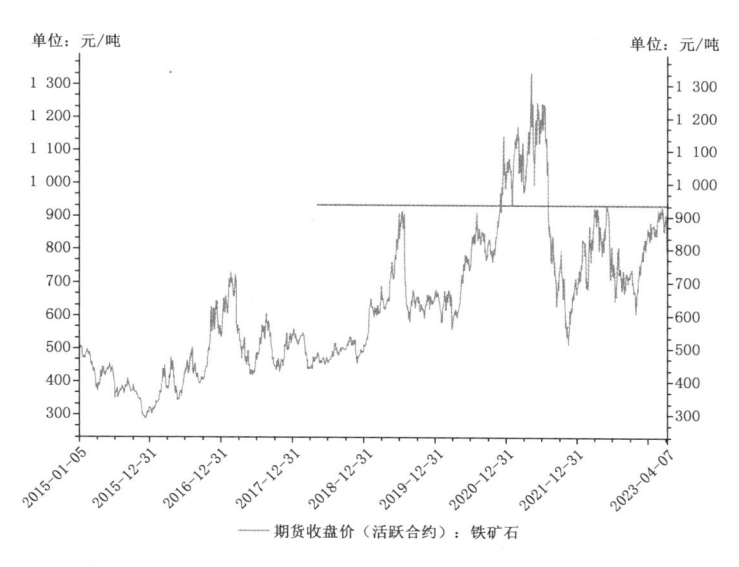

第 4 章　经济周期是债市的核心驱动力量 | 39

数据来源：Wind。

图 4—3　铁矿石期货收盘价目前处于历史 78% 分位

4.2.2　视角 2：黑色金属产成品——位于房地产产业链上游，也处于去库存周期

中央提出供给侧结构性改革后，黑色金属产成品库存从 2015 年初至 2020 年初连续 6 年保持较好的降库存趋势，可以看出期间库存持续去化。我国经济发展已经步入低速增长阶段，国内的供需矛盾凸显，黑色金属作为基建与房地产的上游原材料，产能过剩危及行业健康发展，因此供给侧结构性改革要求从生产端压降产量以适应经济新常态。

2020 年下半年至今，为了以更大力度对冲疫情后基本面下行的压力，推动经济快速复苏，工业企业加快复工复产节奏，产成品持续累库。以供给侧结构性改革为观察起点，站在当前时点看，产成品存货位于 96% 分位（见图 4—4），已经处于较高的库存水平。站在保持宏观经济增长稳定性、促进产业健康发展以及优化市场资源配置的角度看，"去库存"仍是我国今后经济生产工作中的重要任务。

单位：万元　　　　　　　　　　　　　　　　　　　　　单位：万元

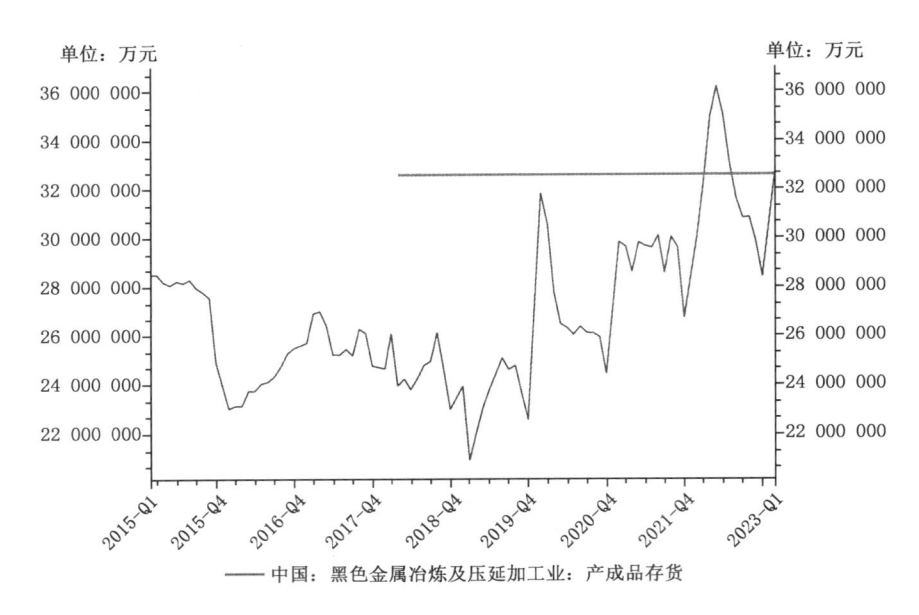

——中国：黑色金属冶炼及压延加工业：产成品存货

数据来源：Wind。

图4—4　目前黑色金属冶炼产成品存货水平处于供给侧结构性改革后96％分位

4.2.3　视角3：房地产行业——投资回报率降低对债券利率中枢上移形成掣肘

以"累计新开工面积—累计销售面积"来衡量截至历史上某一时点房地产行业的广义库存情况。这是因为任何用于销售的商品房都从开工起步，而项目一旦开工，其最终若不是被销售，则只能有以下三种结果：①在建未销售；②竣工未销售；③停工或烂尾。由于这三种形式都会占用房企货币资金，进而影响到房企的周转能力和再投资，因此都可视为库存的不同形式。如图4—5所示，从全国范围来看，商品房广义库存从1999年起开始持续增长，截至当前时点已有72.46亿平方米。分项来看，办公楼、商业营业用房等商业房地产库存一直累积是商品房未能去库存的主要原因。住宅库存由于限购限贷的松动和棚改货币化安置的大规模推广等因素，在2015—2017年曾有过短暂的去化，但随着调控再次收紧，销售力量下滑，2018年起又开始逐渐回升。疫情以来,由于"三道红线"等限制房企融资政策的出台,房企资金链压力陡升,开启主动去库存以回笼资金,住宅广义库存重新进入下行区间,当前住宅广义库存约为23.56亿平方米,仍处于历史高位。

数据来源：Wind。

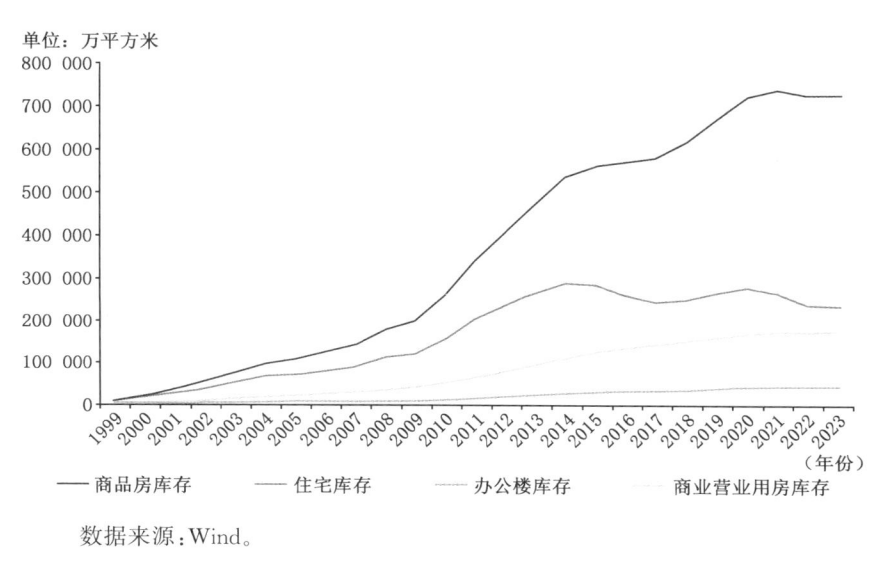

图4-5　住宅库存2015年后开始去化,当前库存水平仍处于历史高位

站在当前时点看,国内人口结构的变化趋势决定了主力置业人口规模将不断减少,在住宅广义库存高企的背景下,房地产行业对经济的贡献度将不断下滑。因此从房地产行业角度看,房地产投资回报率的下滑将抑制收益率上行,未来债市收益率中枢下行概率较高。

4.2.4　视角4：制造业PMI——经济前瞻性指标仍未确认拐点

站在当前时点,需求处于弱复苏,从工业企业库存运行角度看,主动去库存尚未结束。如图4-6所示,自2021年下半年到2022年底,受疫情扰动影响,库存周期始终处于被动补库存和主动去库存两者相互交织的状态,其中2022年6月以前以被动补库存为主要逻辑；2022年6月以后,随着上一轮疫后修复,经济开始进入主动去库存。2023年年初以来,随着疫情彻底放开后经济恢复正常运行,新订单和产成品库存同时向上,显示生产端在加速恢复,但同时也要看到,"PMI生产－新订单"和"PMI采购量－生产"走势依然纠结,并未指出明确方向。

数据来源:Wind。

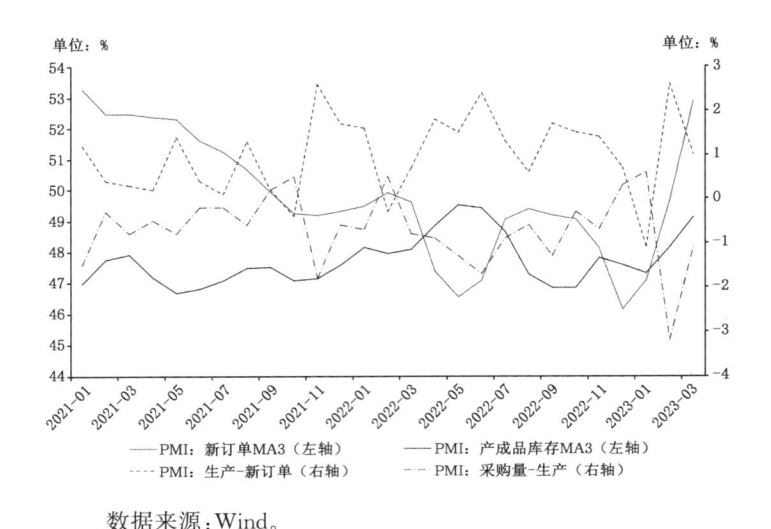

图 4—6　制造业 PMI(3 个月移动平均)显示 2022 年下半年经济进入主动去库存

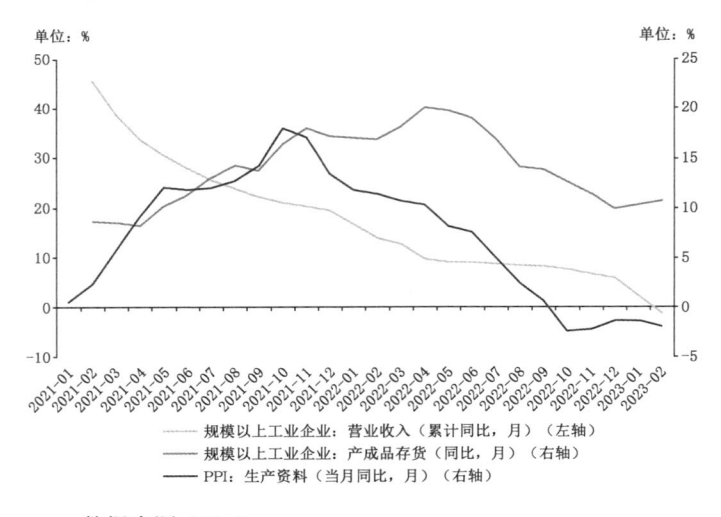

数据来源:Wind。

图 4—7　2022 年 5 月以来工业企业库存增速持续回落,2023 年年初以来略有回升

另一方面,从 2023 年 3 月制造业 PMI 各分项指标较 2 月的环比变化来看,3 月产成品库存和原材料库存都较 2 月有所下行(见图 4-8),这说明企业不仅减缓了采购速度(对应原材料库存向下),同时可能也在降价处理仓库中的库存(产成品库存也在往下)。而其他分项如采购量、生产和新订单等指标,3 月除采购量与 2 月持平外,其他指标也都弱于 2 月。因此,站在当前时点来看,我们认为当前经济仍处于主动去库存的进程中,趋势性拐点暂无法确认。

数据来源:Wind。

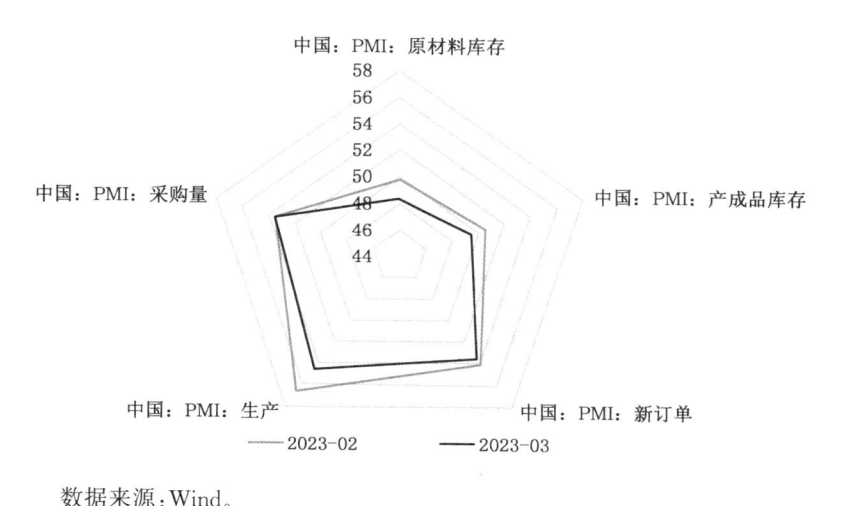

图 4-8　2023 年 3 月 PMI 数据显示当前企业主动去库存的逻辑仍在延续

4.3　债券投资策略的正确选择

基于去库存的视角,站在当前时点,我们认为当前债市仍不具备调整的基础,经济弱复苏的节奏和债市表现也基本印证了这一点。具体到投资交易来看,虽然债市走势依然纠结,但在去库存周期下债市做多仍有较强安全边际,同时增量信息也是需要关注的焦点。这种情况下我们认为

"哑铃型策略"是最优解。

  对银行自营来说,短久期品种的配置既能满足机构资产规模的要求,还兼具现金储备的职能。一方面,在考核周期内短久期品种到期后将为再投资提供充足的流动性,届时若长端利率走高,则可逐步加大配置力度。另一方面,站在当前时点,我们认为中长期利率中枢下移仍是大概率事件,为完成收益目标考核,新增配置资产中还需加入一定规模的超长久期债券,这主要是因为超长端利率上行空间相对有限,而利率中枢一旦下移,投资组合即可获得丰厚的资本利得。

第 5 章　收益率曲线形态的博弈

　　利率债投资收益主要源于两方面：票息收入和价差盈利。与债券相关的交易策略都围绕这两点展开，或深入其一进行收益挖掘，或兼而有之平衡二者关系。对收益率曲线形态变化的博弈是重要的债券交易策略，在锁定投资组合加权久期的情况下，当收益率曲线形态发生变化时，不同久期的个券对组合基点价值变动贡献的权重存在较大差异。在实际操作中，投资组合不同的期限摆布大致对应三种交易策略，即子弹型策略（通过集中买入单一久期债券来构建组合）、哑铃型策略（通过买入长短两个极端久期债券来构建组合）和阶梯型策略（通过均匀买入不同期限债券来构建组合）。当收益率曲线形态发生变化时，为何以上三种策略收益会有差别？可以用组合的久期、凸性和初始到期收益率三个关键指标来解释。一般情况下，投资组合的加权久期会被提前锁定，因此不同组合的区别主要体现在凸性和初始到期收益率上。按照凸性大小将投资组合排序，哑铃型组合＞阶梯型组合＞子弹型组合；按照初始到期收益率高低将投资组合排序的结果则与凸性刚好相反（注：初始到期收益率高说明组合的建仓成本更低）。那么，应该如何从凸性和初始到期收益率的角度来解读三类策略组合的收益特征？

首先，在考虑凸性因素后，可以将债券组合的收益表现为以下形式：

$$\frac{\Delta P}{P} = -D \times \Delta y + \frac{1}{2} \times C \times (\Delta y)^2 + \cdots \qquad (1)$$

其中：等式左边的分式为债券组合价格的变化率，Δy 为收益率的变化幅度，D 为组合久期，C 为组合凸性。对三类策略组合而言，由于久期保持一致，故当收益率水平变动时，等式右边久期项变动都相同，不会在组合间形成差异；而凸性项作为二阶项，总为正数，因此更高的组合凸性必然能为组合带来正向收益。考虑到三类策略组合中凸性的排序与初始到期收益率排序刚好相反，因此组合表现的实际差异就取决于持有期内组合凸性带来的正向收益能否超过为之承担的初始到期收益率差异。事实上，当收益率变动幅度较小时，(1)式右边的凸性项对组合整体收益的影响有限，此时初始到期收益率的高低是决定性因素，而当收益率变动幅度较大时，情况可能会相反。

子弹型组合和哑铃型组合的实用性较强，因此在实际工作中被广泛采用，本章主要将这两类组合进行对比研究。银行类机构如果希望将投资组合的久期控制在一定水平，通常会面临两种策略选择：①子弹型策略，即按照预期收益率买入目标久期债券，使投资组合中的债券期限高度集中于收益率曲线上的某个点；②哑铃型策略，即将投资组合中的债券期限分别集中在长端和短端的活跃期限上，并通过设置不同的仓位配比来保证组合久期与子弹型组合久期一致。举例来说，对于剩余期限在 1 年至 30 年之间的债券，若投资者希望将组合久期锁定在 8 年左右，一种选择是集中买入 10 年期债券（10 年期债券的久期通常在 8～9 年）构建子弹型组合；另一种选择是分别买入 1 年期和 30 年期债券并确保组合达到

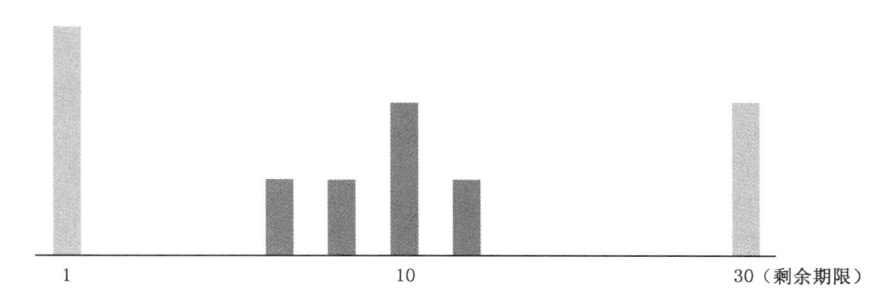

目标久期,构建哑铃型组合(见图5—1)。

数据来源:作者个人整理[注:横轴表示剩余期限(年),柱状图表示配置资金规模]。

图5—1 子弹型、哑铃型策略组合示例
(深色和浅色分别代表子弹型策略、哑铃型策略的债券配置规模)

之所以要慎重选择这两类策略,是因为当收益率曲线发生变动(尤其是非平行变化)时,即使投资组合的久期保持一致,子弹型组合与哑铃型组合的市值变动也会有很大区别。对于债券资产体量较大的商业银行而言,投资组合的期限摆布是重要的基础工作之一,直接关乎到利润考核目标是否能够顺利完成。

在本章,笔者将以自己的实际工作为案例,探讨子弹型策略和哑铃型策略理论上的优势与短板。正如本书反复强调的,商业银行自营部门在配置资产的过程中,要兼顾安全性、流动性和收益性,因此投资策略势必会受到各种各样的约束,如何在多重约束下尽可能实现最优解才是我们最终要达成的目的。本章将围绕策略选择进行详细阐释,希望能为投资决策提供帮助。

本章是笔者在2023年3月20日所写,并站在这一时点对市场进行分析与研判,考虑到时效性,"当前时点"均指2023年3月20日。

5.1 哑铃型与子弹型策略收益对比

假设一个投资组合的本金为 1 亿元,投资的目标久期是 8~9 年,如表 5—1 所示,当前市场上有三只国债 170006.IB(1 年期)、130009.IB(10 年期)和 210014.IB(30 年期)供选择。为满足久期配置要求,投资者既可以集中买入 130009,也可以同时买入 170006 和 210014,下面对这两种选择进行定量比较。

表 5—1　　　　　三只国债的基本信息(2023 年 3 月 20 日)

债券代码	债券简称	票面利率	剩余期限(年)	到期收益率	久期	凸性
210014.IB	21 附息国债 14	3.53%	28.60	3.25%	18.26	433.74
130009.IB	13 附息国债 09	3.99%	10.09	2.83%	8.38	81.21
170006.IB	17 附息国债 06	3.20%	1.00	2.10%	1.00	1.92

数据来源:Wind。

分别考虑子弹型和哑铃型策略:子弹型策略组合由 1 亿元 130009 构成;哑铃型策略组合由 5 720 万元 170006+4 280 万元 210014 构成。作为对比,子弹型组合的久期为 8.38,哑铃型组合的久期为 0.572×1.00+0.428×18.26=8.39,两者久期基本相同;组合凸性方面,子弹型组合的凸性为 81.21,哑铃型组合的凸性为 0.572×1.92+0.428×433.74=186.74;组合收益率方面,子弹型组合的到期收益率为 2.83%,哑铃型组合的到期收益率为 0.572×2.1%+0.428×3.25%=2.59%(见表 5—2)。

表 5—2　　　子弹型组合与哑铃型组合的比较(2023 年 3 月 20 日)

策略组合	债券构成	久期	凸性	到期收益率
子弹型组合	1 亿元 130009	8.38	81.21	2.83%

续表

策略组合	债券构成	久期	凸性	到期收益率
哑铃型组合	5 720万元170006＋4 280万元210014	8.39	186.74	2.59%

数据来源：作者个人计算整理。

如表5—2所示，可以看到两类策略组合在久期相同的情况下，子弹型组合的到期收益率虽然比哑铃型组合高出24bp左右，其凸性却显著低于哑铃型组合。因为久期相同的两个投资组合，当收益率发生变动时，凸性越大的投资组合表现越好（"涨多跌少"）。因此可以将两个组合到期收益率之差视为凸性成本，即哑铃型组合为博取更大凸性而牺牲的部分到期收益率。

对从2022年3月20日到当前时点这一年时间的历史数据进行回测，比较子弹型和哑铃型策略组合的表现，测算显示子弹型策略期间持有收益率为3%，而哑铃型策略期间持有收益率为3.89%，哑铃型策略收益率显著高于子弹型策略。

5.2　曲线形态变动下两种组合的业绩归因

站在当前时点，测算未来6个月投资组合的市值变动情况，以10年期品种130009当日到期收益率（当前时点）为利率中枢，假定收益率曲线发生平移或扭曲变化，表5—3显示了在收益率曲线变动的各种假设下，子弹型组合与哑铃型组合的收益率之差（Δ）。

根据表5—3可以概括出收益率曲线各种变动下子弹型组合和哑铃型组合的相对优劣：

①收益率曲线平行移动：若收益率曲线仅发生平移（对应表5—3中标浅色的列），两组合表现的优劣主要取决于收益率变动绝对值的大小。

表 5—3　情景模拟：子弹型组合收益率—哑铃型策略组合收益率（2023 年 3 月 20 日—2023 年 9 月 20 日）

绝对收益率差值	收益率曲线平陡变化(bp)												
	60	50	40	30	20	10	0	−10	−20	−30	−40	−50	−60
200	−0.66%	−0.80%	−0.96%	−1.11%	−1.26%	−1.42%	−1.58%	−1.74%	−1.90%	−2.06%	−2.22%	−2.38%	−2.55%
150	0.15%	−0.02%	−0.19%	−0.37%	−0.54%	−0.72%	−0.90%	−1.08%	−1.26%	−1.44%	−1.62%	−1.81%	−2.00%
100	0.82%	0.63%	0.43%	0.24%	0.04%	−0.16%	−0.36%	−0.57%	−0.77%	−0.98%	−1.19%	−1.40%	−1.61%
80	1.04%	0.84%	0.64%	0.43%	0.22%	0.01%	−0.20%	−0.41%	−0.63%	−0.85%	−1.07%	−1.29%	−1.51%
50	1.33%	1.11%	0.89%	0.67%	0.44%	0.22%	−0.01%	−0.24%	−0.248%	−0.71%	−0.95%	−1.19%	−1.43%
40	1.41%	1.18%	0.96%	0.73%	0.50%	0.27%	0.03%	−0.21%	−0.44%	−0.69%	−0.93%	1.18%	−1.42%
30	1.48%	1.25%	1.02%	0.78%	0.55%	0.31%	0.07%	−0.18%	−0.42%	−0.67%	−0.92%	−1.17%	−1.43%
20	1.54%	1.30%	1.07%	0.83%	0.58%	0.34%	0.09%	−0.16%	−0.41%	−0.66%	−0.92%	−1.18%	−1.44%
10	1.59%	1.35%	1.11%	0.86%	0.61%	0.36%	0.11%	−0.15%	−0.40%	−0.67%	−0.93%	−1.19%	−1.46%
5	1.62%	1.37%	1.12%	0.88%	0.62%	0.37%	0.11%	−0.15%	−0.41%	−0.67%	−0.94%	−1.21%	−1.48%
0	1.64%	1.39%	1.14%	0.89%	0.63%	0.37%	0.11%	−0.15%	−0.41%	−0.68%	−0.95%	−1.22%	−1.50%
−5	1.65%	1.40%	1.15%	0.90%	0.64%	0.38%	0.11%	−0.15%	−0.42%	−0.69%	−0.96%	−1.24%	−1.52%
−10	1.67%	1.42%	1.16%	0.90%	0.64%	0.38%	0.11%	−0.16%	−0.43%	−0.71%	−0.98%	−1.26%	−1.54%
−20	1.69%	1.43%	1.17%	0.91%	0.64%	0.37%	0.09%	−0.18%	−0.46%	−0.74%	−1.03%	−1.31%	−1.60%
−30	1.71%	1.44%	1.17%	0.90%	0.62%	0.35%	0.07%	−0.22%	−0.50%	−0.79%	−1.08%	−1.38%	−1.67%
−40	1.71%	1.44%	1.16%	0.88%	0.60%	0.31%	0.03%	−0.27%	−0.56%	−0.85%	−1.15%	−1.45%	−1.76%
−50	1.70%	1.42%	1.14%	0.85%	0.56%	0.27%	−0.03%	−0.32%	−0.62%	−0.93%	−1.23%	−1.54%	−1.86%
−80	1.60%	1.30%	0.99%	0.68%	0.37%	0.06%	−0.26%	−0.58%	−0.91%	−1.24%	−1.57%	−1.90%	−2.24%
−100	1.47%	1.15%	0.83%	0.51%	0.18%	−0.15%	−0.49%	−0.83%	−1.17%	−1.52%	−1.86%	−2.21%	−2.57%
−150	0.89%	0.53%	0.16%	−0.21%	−0.58%	−0.96%	−1.34%	−1.73%	−2.11%	−2.51%	−2.90%	−3.30%	−3.70%
−200	—	—	—	—	—	—	−2.65%	−3.09%	−3.53%	−3.97%	−4.42%	−4.88%	−5.34%

数据来源：Wind，作者个人计算整理。

当收益率变动幅度较小(表 5-3 中不超过 40bp)时,子弹型组合的表现优于哑铃型组合;而当收益率变动幅度较大时,哑铃型组合的表现优于子弹型组合。

如表 5-3 所示,虽然哑铃型组合的凸性高于子弹型组合,但其期初的市价也较高(体现为期初 YTM 较低),此时高凸性的优势能否发挥出来主要取决于收益率变动幅度大小。如图 5-2 所示,当收益率变动幅度不大时,可以看到哑铃型组合的高凸性优势并无法覆盖其高成本劣势,反而是凸性较小的子弹型组合收益率更高;只有当收益率变化幅度较大(图 5-2 中大于 40bp)时,哑铃型组合的表现才会优于子弹型组合。

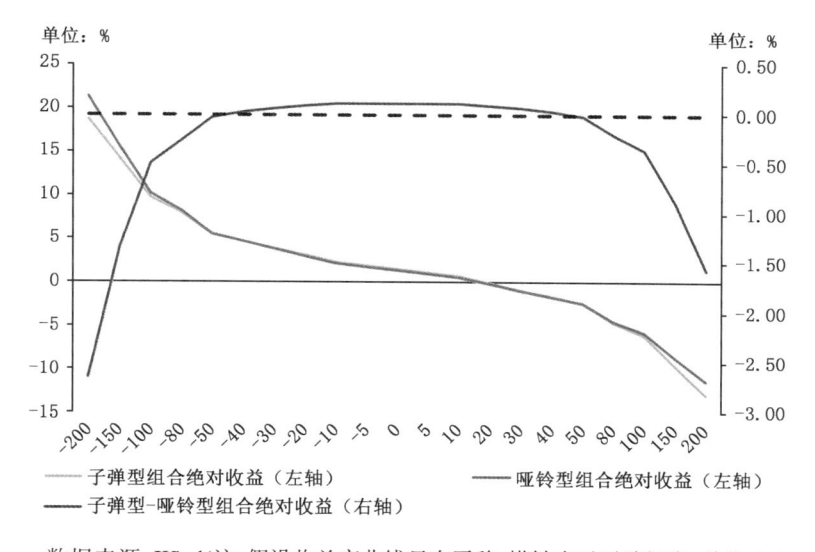

数据来源:Wind(注:假设收益率曲线只有平移,横轴表示平移幅度,单位:bp)。

图 5-2 子弹型组合与哑铃型组合绝对收益比较
(2023 年 3 月 20 日—2023 年 9 月 20 日)

②收益率曲线平陡变化:如表 5-3 所示,当收益率曲线平移且趋于陡峭化(期限利差走阔)时,子弹型组合与哑铃型组合收益率的差值也在不断扩大;反之,当收益率曲线平移且趋于平坦化(期限利差收窄)时,子弹型组合与哑铃型组合收益率的差值在不断收敛直至哑铃型组合收益率

反超子弹型组合。这表明收益率曲线的陡峭化有利于子弹型组合,而收益率曲线的平坦化有利于哑铃型组合。

5.3 投资策略取决于市场环境

从2023年年初到当前时点,债市整体保持窄幅震荡走势,其中长久期债券"振幅小""波动率低"的特征越发明显(见图5—3)。站在当前时点看,在趋势信号尚未出现的情况下,债市大概率延续横盘格局。

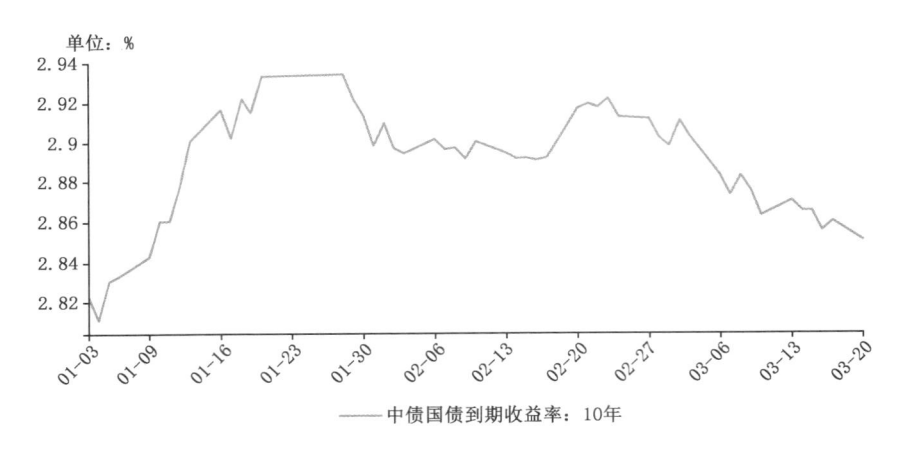

数据来源:Wind。

图5—3 2023年年初以来10年期国债收益率在2.8%~2.94%的区间内窄幅震荡

在这种情形下,波段操作风险收益比不高,首先窄幅震荡行情中操作的获利空间将被压缩;其次投资者很难精准抓取买点卖点,频繁操作反倒增加了亏损概率。因此机构选取适宜的投资策略非常重要,我们认为"哑铃型策略"能做到进可攻退可守,既能为投资组合预留一定腾挪空间,也能有效把握即将到来的趋势性机会,最大限度增厚投资收益。如图5—4所示,当前时点当日收益率曲线整体陡峭度仍较大(短端利率受宽松货币政策影响仍处于低位),整体利率绝对水平仍处于历史上较低位置。这种情况下,投资配置主体虽然对利率上行方向较为确定,但对利率上行时点和幅度的不确定性仍然较大。

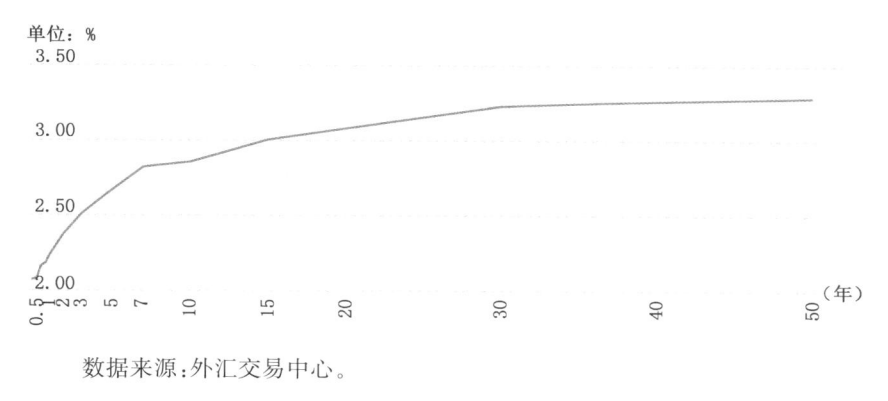

单位:%

数据来源:外汇交易中心。

图 5—4　债券收盘收益率曲线(2023 年 3 月 20 日)

　　投资配置节奏需要考虑收益问题,一方面,在整体利率水平看涨的环境下,配置行为需要考虑到未来利率上行可能会出现再投资收益率更高的情况,因此投资者手中必须持有相应规模的储备现金,考虑到当前资金价格波动较大,为保留一定安全边际,储备现金可用来配置 1 年久期左右的短债。1 年期品种的配置既可以满足投资规模的要求,又兼具了现金储备职能,在考核周期内,1 年期品种到期后将继续提供再投资资金,届时若长端利率顺利走高,再投资获得高收益的目标将得以实现。另一方面,站在当前时点来看,30 年期国债与 10 年期国债的利差仍有压缩空间,为保证整体收益达标,新增投资规模中还需配置一定量的超长久期债券。与此同时,一旦利率中枢向下移动,投资组合即可获得丰厚的资本利得,整体来看哑铃型策略具有较高的性价比。

第 6 章　浅谈信用品种投资思路

固定收益投资组合中通常会设定利率债和信用债的配置比例。在确定了信用债资产的权重后,需要对不同信用券种的配置比例、等级、行业和区域等进行斟酌,做好建仓前的准备工作。信用债和利率债作为投资竞品,两者具有不同的风险收益特征。由于信用溢价和流动性溢价的存在,相同期限的信用债收益率会高于利率债。但由于风控和入库等条件约束,机构可投资的信用债数量通常会受到限制,尤其是对于银行类金融机构,投资信用债的可选范围往往小于非银机构。

结合笔者在实际工作中的体会,商业银行配置信用债需要综合权衡授信额度和风险资本占用等多重要求,秉着"既要具备安全性,又要满足收益性"的原则,因此对投资"性价比"的要求较高。在实践中,则需要通盘考虑基本面与市场情绪,研判债券内在价值和市场价格之间的偏离程度,寻找定价错配的机会。一般而言,信用利差是衡量信用债价格的重要标尺,经常被用来辅助判断某只信用债相对于利率债的投资性价比。

在本章,笔者站在特定的历史时点,以衡量利率债与信用债的性价比为切入点,选取证券公司金融债和城投债两个细分信用品种来解释信用债的投资逻辑。需要说明的是,信用债的投研工作博大精深,但是笔者在信用领域的工作经验较为有限,依然需要更多的实践与积累,当下仅能在自己的认知范围内做专题研究。

本章是笔者在 2023 年 3 月 10 日所写,并站在这一时点对市场进行分析与研判,考虑到时效性,"当前时点"均指 2023 年 3 月 10 日。

6.1 债券历史行情一览

6.1.1 市场概况

在经历了 2022 年 11 月银行理财赎回潮后,债市剧烈波动后暂时企稳,在没有出现新增催化因素的情况下,债市缺乏上行趋势的驱动力,只能横盘等待以寻找新的突破点。站在当前时点回顾,利率债走势呈现窄幅震荡,尤其以 10 年期国债为代表,从 2023 年 1 月中旬到 3 月 10 日波动幅度不超过 5bp。虽然"经济复苏→债市利率上行"是 2023 年市场交易的主逻辑,但是如何准确研判经济修复的斜率并适时进场配置则显得更为重要。因此,站在当前时点,我们的主流策略是"降仓位、降久期、调结构",待到利率上行至合宜区间,再寻找机会"拉长久期、加杠杆"。

6.1.2 债市当前面临的核心问题

从近期利率债的市场表现来看,债券投资配置面临两大核心问题:一是长久期利率债本质上属于市场定价型资产,目前收益率点位处于历史 27% 分位。在当前基本面改善的"强预期"下,未来利率有可能会向上突破

3.1%,反倒其下行空间较为有限,故长端利率债参与博弈的胜率并不高,综合而言性价比较低。二是短久期利率债本质上属于成本定价型资产,虽然利率风险总体较低,但其与DR007的息差已从2022年年末83bp的高点持续压缩到当前的35bp,压缩幅度达48bp。与此同时,近期资金价格波动较大,且不排除后市经济过热资金价格有边际抬升的可能,故短端利率债息差保护有限,已缺乏配置性价比,更适合作为防守型流动性管理工具。

6.2 AA＋证券公司金融债与AA＋城投债品种分析

6.2.1 信用品种与利率品种的对比分析

利率债不仅投资性价比偏低,而且缺乏趋势上的驱动力。反观信用品种,尤其是短久期证券公司金融债和城投债的信用利差已存在较高的溢价水平。目前AA＋证券公司金融债1年期收益率2.94%,2年期收益率3.14%;AA＋城投债1年期收益率2.93%,2年期收益率3.17%。经过统筹考虑,短期限信用品种不仅可以有效规避利率风险,而且其估值对配置盘而言已具备较强吸引力。

回顾两者近一年的表现,2022年在宏观经济"三重压力"的传导下,叠加8月央行降息引导市场利率下行,1年期证券公司金融债从年初的2.76%大幅下行至2.03%,降幅近80bp;2年期证券公司金融债从年初的2.91%大幅下行至2.41%,降幅达到50bp。1年期城投债从年初的2.87%大幅下行至2.10%,降幅近80bp;2年期城投债从年初的2.98%大幅下行至2.44%,降幅达到54bp。伴随2022年四季度房地产政策密集出台以及疫情防控的优化,市场对经济修复预期不断升温,2022年11月的理财赎回潮进一步验证了市场对宽信用的期待,信用品种收益率快速走高,信用利差大幅走阔。1年期证券公司金融债最高上行至3.27%,较年内低点上行124bp;2年期证券公司金融债最高上行至3.68%,较年内低点上行127bp。1年期城投债最高上行至3.49%,较年内低点上行139bp;2年期城投债最高上行至3.77%,较年内低点上行133bp。

表6—1　证券公司债和城投债的息差与信用利差(2023年3月10日)

债券类型	剩余期限	科目(bps)	1/4分位点	1/2分位点	3/4分位点	当前数值	当前分位点
证券公司债	1Y	息差	59	71	87	99	88%
		信用利差	42	53	64	64	73%
	2Y	息差	85	101	117	122	83%
		信用利差	40	53	69	70	77%
城投债	1Y	息差	64	78	91	101	86%
		信用利差	46	60	70	66	63%
	2Y	息差	91	108	122	125	79%
		信用利差	45	57	76	73	70%

数据来源:Wind。

6.2.2　AA+证券公司金融债品种分析

从息差角度看(相较于DR007),配置短久期证券公司金融债可以获取较为丰厚的息差收益。2022年年初至今,1年期证券公司金融债息差的1/4分位点、1/2分位点、3/4分位点分别为59bp、71bp、87bp;当前时点息差为99bp,处于88%分位点;2年期证券公司金融债息差的1/4分位点、1/2分位点、3/4分位点分别为85bp、101bp、117bp;当前时点息差为122bp,处于83%分位点(见图6—1)。

从信用利差看(相较于1年期国债收益率),信用利差走阔抬升绝对收益率,对配置盘吸引力增加。2022年初至今,1年期证券公司金融债信用利差的1/4分位点、1/2分位点、3/4分位点分别为42bp、53bp、64bp;当前时点息差为64bp,处于73%分位点。2年期证券公司金融债信用利差的1/4分位点、1/2分位点、3/4分位点分别为40bp、53bp、69bp;当前

单位：%

图中曲线：
— 中债证券公司债收益率曲线（AA+）：1年-DR007
— 中债证券公司债收益率曲线（AA+）：2年-DR007

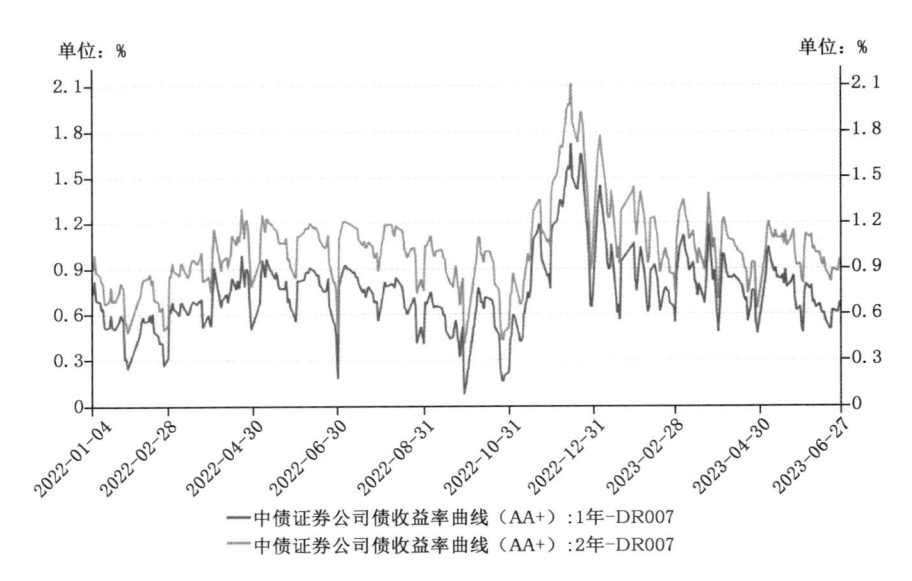

数据来源：iFind。

图6—1　1年期、2年期证券公司债息差走势

时点息差为70bp，处于77%分位点（见图6—2）。

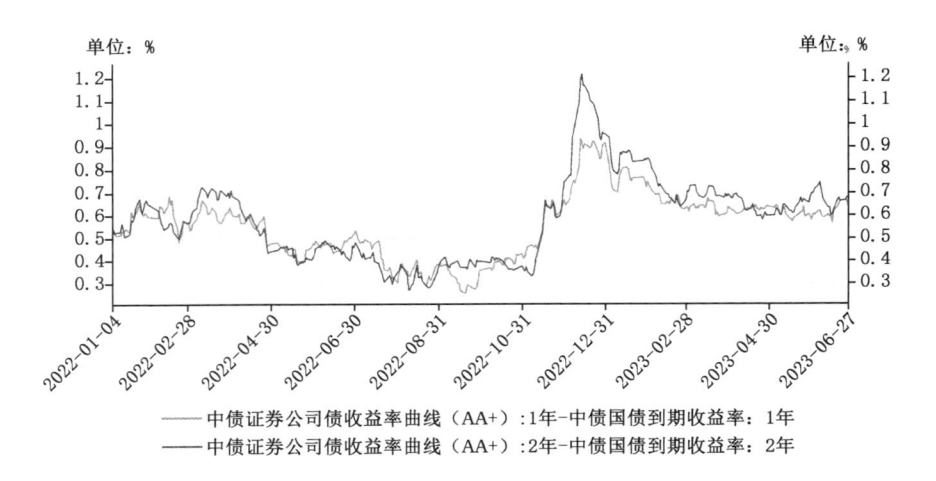

— 中债证券公司债收益率曲线（AA+）：1年-中债国债到期收益率：1年
— 中债证券公司债收益率曲线（AA+）：2年-中债国债到期收益率：2年

数据来源：iFind。

图6—2　1年期、2年期证券公司债信用利差走势

6.2.3 AA+城投债品种分析

从息差看(相较于DR007),套息交易依旧是首选,推荐票息为王的策略。2022年初至今,1年期城投债息差的1/4分位点、1/2分位点、3/4分位点分别为64bp、78bp、91bp;当前时点息差为101bp,处于86%分位点。2年期城投债息差的1/4分位点、1/2分位点、3/4分位点分别为91bp、108bp、122bp;当前时点息差为125bp,处于79%分位点(见图6—3)。

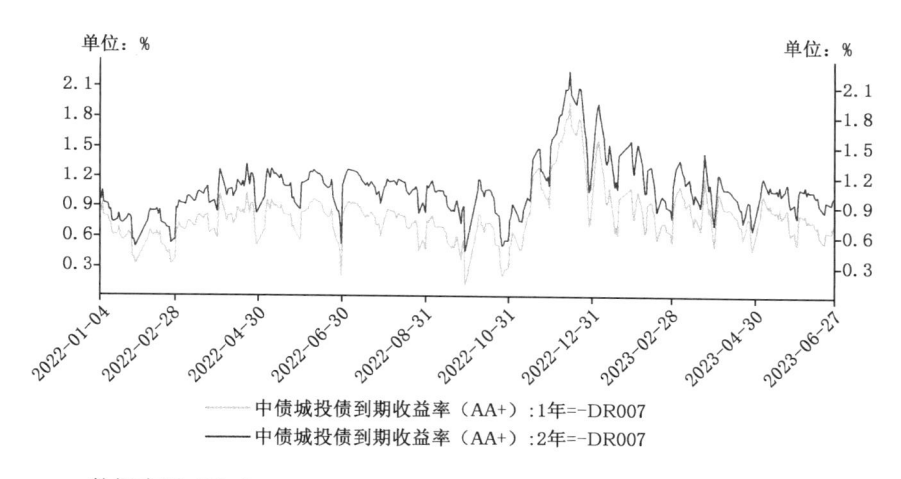

数据来源:iFind。

图6—3 1年期、2年期城投债息差走势

从信用利差看(相较于1年期国债收益率),利差挖掘空间广阔,建议加大配置力度。2022年初至今,1年期城投债信用利差的1/4分位点、1/2分位点、3/4分位点分别为46bp、60bp、70bp;当前时点息差为66bp,处于63%分位点。2年期城投债信用利差的1/4分位点、1/2分位点、3/4分位点分别为45bp、57bp、76bp;当前时点息差为73bp,处于70%分位点(见图6—4)。

单位：%　　　　　　　　　　　　　　　　　　　　　　　　单位：%

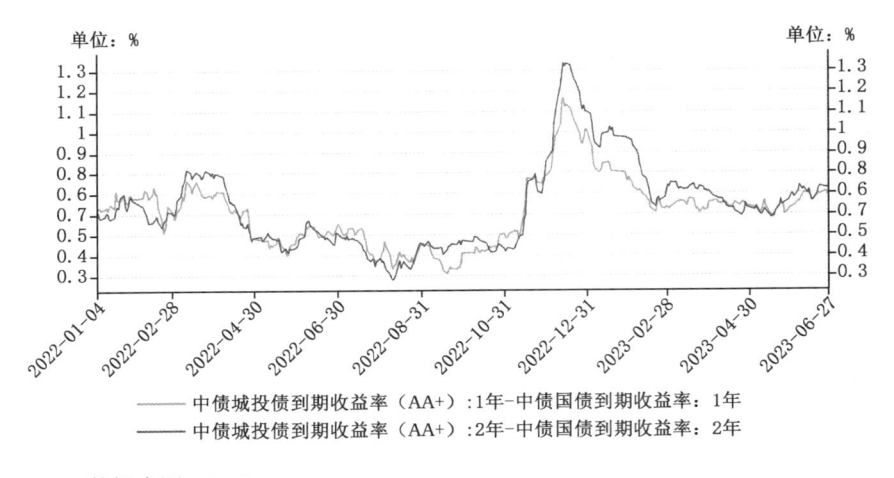

——中债城投债到期收益率（AA+）：1年-中债国债到期收益率：1年
——中债城投债到期收益率（AA+）：2年-中债国债到期收益率：2年

数据来源：iFind。

图 6—4　1 年期、2 年期城投债信用利差走势

6.2.4　总结与建议

鉴于经济复苏节奏的不确定性，债市缺乏趋势变化的驱动力，在投资者预期和策略都趋同的背景下，利率债交易已十分拥挤。从利率品种看，在当前资金价格波动加大且有一定上行风险的情况下，短久期利率债息差保护不断收窄，安全边际有限；而长久期利率债久期风险较高，一旦经济超预期修复，投资组合将面临较大的资本利得冲击，因此无论采取"配置短久期用以防守"或是"拉长久期博取资本利得"的策略都显得缺乏性价比。正如前文所述，以 AA+证券公司金融债和 AA+城投债为代表的短久期信用品种，尽管 2022 年至今收益率走势经历了大幅波动，但当前站在静态收益率的角度来审视，丰厚的资金息差和信用利差已经凸显出较高的配置价值。我们建议积极在 AA+评级的证券公司金融债和城投债品种中甄选高性价比的资产，平衡好信用风险和预期回报的基础上加大配置力度，以增厚组合利润，更好地完成投资收益目标。

6.3 商业银行二级资本债的特征

6.3.1 商业银行二级资本债的基本概念

商业银行二级资本债是指商业银行发行的、本金清偿和利息兑付顺序均在存款人和一般债权人之后,股权资本、其他一级资本工具和混合资本债券之前的债券,用于补充商业银行二级资本。在主流资本工具中,受偿顺序的排序为:二级资本债＞混合资本债＞永续债。二级资本债不得由发行银行或其关联机构提供抵押或保证,原始期限不低于5年(目前主流发行期限为5＋5年,部分国股大行也发行10＋5年的更长期限品种),并且不得含有利率跳升机制及其他赎回激励、自发行之日起,至少5年后方可由发行银行赎回、必须含有减记或转股的条款。

6.3.2 商业银行二级资本债的条款设置

总体来看,商业银行二级资本债均具有减记、赎回两大条款。下面以工行发行的中国工商银行股份有限公司2020年二级资本债券(第一期)为例进行条款展示与说明。

(1)减记条款

当无法生存触发事件发生时,发行人有权在无须获得债券持有人同意的情况下,在其他一级资本工具全部减记或转股后,将本期债券的本金进行部分或全部减记。本期债券按照存续票面金额在设有同一触发事件的所有二级资本工具存续票面总金额中所占的比例进行减记。其中无法生存触发事件指以下两者中的较早者:一是银保监会认定若不进行减记,发行人将无法生存;二是相关部门认定若不进行公共部门注资或提供同等效力的支持,发行人将无法生存。减记部分不可恢复,减记部分尚未支付的累积应付利息亦将不再支付。触发事件发生日指银保监会或相关部门认为触发事件已发生,并且向发行人发出通知,同时发布公告的日期。触发事件发生日后两个工作日内,发行人将就触发事件的具体情况、本期债券将被减记的金额、减记金额的计算方式、减记的执行日以及减记执行程序予以公告,并通知本期债券持有人。减记条款行使方面,2020年11月11日,央行和原银保监会向包商银行发出《关于认定包商银行发生无法生存触发事件的通知》,认定该行已经发生"无法生存触发事件"。11月13日,包商银行披露《关于对"2015年包商银行股份有限公司二级资本债"本金予以全额减记及累计应付利息不再支付的公告》。本次事件是国内首例二级资本债发行主体触发无法生存,根据合同全额减记,对机构后续投资二级资本债具有较强的启示意义。

(2)赎回条款

本期债券设定一次发行人选择提前赎回的权利。在行使赎回权后,发行人的资本水平仍满足原银保监会规定的监管资本要求的情况下,经原银保监会事先批准,发行人可以选择在本期债券设置提前赎回权的计息年度的最后一日,按面值一次性部分或全部赎回本期债券。发行人须在得到原银保监会批准并满足下述条件的前提下行使赎回权:一是使用同等或更高质量的资本工具替换被赎回的工具,并且只有在收入能力具备可持续性的条件下才能实施资本工具的替换;二是行使赎回权后的资本水平仍明显高于原银保监会规定的监管资本要求。在满足赎回条件的前提下,发行人若选择行使赎回权,将至少提前1个月发出债券赎回公告,通知债券持有人有关赎回执行日、赎回金额、赎回程序、付款方法、付款时间等具体安排,同时披露律师出具的法律意见书及监管机构同意本次赎回的监管意见函。

赎回条款行使方面,大部分商业银行二级资本债选择行使赎回条款。

截至 2023 年 1 月,共有 43 家银行主体发行的 50 只二级资本债到期未赎回,发行主体均为城、农商行(主要是资产规模较小的低评级主体),其中"A+"及以下评级的二级资本债数量占比超过 70%。从估值角度看,当银行发布不赎回公告后,大部分债券估值会出现大幅抬升,其中主体资质较弱的二级资本债收益率跳升更大。

6.3.3 商业银行二级资本债市场概况

(1)二级资本债发行与存续概况

如表 6-2 所示,2019-2021 年二级资本债总发行量和发行只数总体稳定,基本维持在 6 000 亿元和 80 只左右,2022 年总发行量和发行只数均明显上升。从发行主体信用级别来看,AAA 级在发行量上始终占据绝对主导地位。

表 6-2　　　　不同主体级别商业银行二级资本债发行情况

	主体级别	2019 年	2020 年	2021 年	2022 年
不同主体级别发行量(亿元)	AAA	5 618	5 835	5 958	8 682
	AA+	248	195	73	324
	AA	65	82.5	81	44
总发行量(亿元)	—	5 955	6 159.9	6 170.73	9 127.55
不同主体级别发行只数	AAA	33	32	44	49
	AA+	17	16	8	23
	AA	10	12	9	7
总发行只数	—	72	74	82	105
总偿还量(亿元)	—	3 206	2 648.94	2 166	4 695.16
净融资额(亿元)	—	2 749	3 510.96	4 004.73	4 432.39

如表 6-3 所示,发行主体方面,国有大行始终占主导地位。2022 年国有大行二级资本债发行量大幅提高;股份行 2020 年发行量达到峰值后不断回落;城商行 2020-2021 年有所下降,2022 年大幅回升;农商行发行规模始终较小。

表 6—3　　　　　　各类型商业银行二级资本债发行情况

	银行类型	2019 年	2020 年	2021 年	2022 年
各类型银行发行量(亿元)	国有大行	3 400	3 200	4 000	6 600
	股份行	1 200	2 035	1 140	1 000
	城商行	1 093	691	652	1 104
	农商行	194	183.9	358.73	403.55
	民营银行	0	0	0	0
	外资法人银行	35	0	20	0
总发行量(亿元)	—	5 955	6 159.9	6 170.73	9 127.55
各类型银行发行只数	国有大行	13	8	16	26
	股份行	4	8	5	4
	城商行	27	28	25	28
	农商行	25	26	35	45
	民营银行	0	0	0	0
	外资法人银行	3	0	1	0
总发行只数	—	72	74	82	105

如表 6—4 所示,截至 2022 年末,银行二永债存续规模为 5.32 万亿元,同比增长 11%,仍保持较快增速。

表 6—4　　　　　　银行二永债存续规模统计

年份(年末)	存续规模(万亿元)	同比(%)
2018	2.42	—
2019	3.12	28.93
2020	4.05	29.81
2021	4.79	18.27
2022	5.32	11.06

(2)二级资本债信用利差概况

总体来看,高等级二级资本债市场定价更稳定,价格波动相对较小。

如图6—5所示,2019年以来,AAA级商业银行二级资本债信用利差基本维持在110bp左右,波动幅度较小;AA+级商业银行二级资本债信用利差从2019年的180bp左右升高至2021年的240bp左右,而后逐步回落至170bp左右;AA级商业银行二级资本债信用利差从2019年的200bp升高至290bp左右,而后逐步回落至240bp左右。

数据来源:Wind。

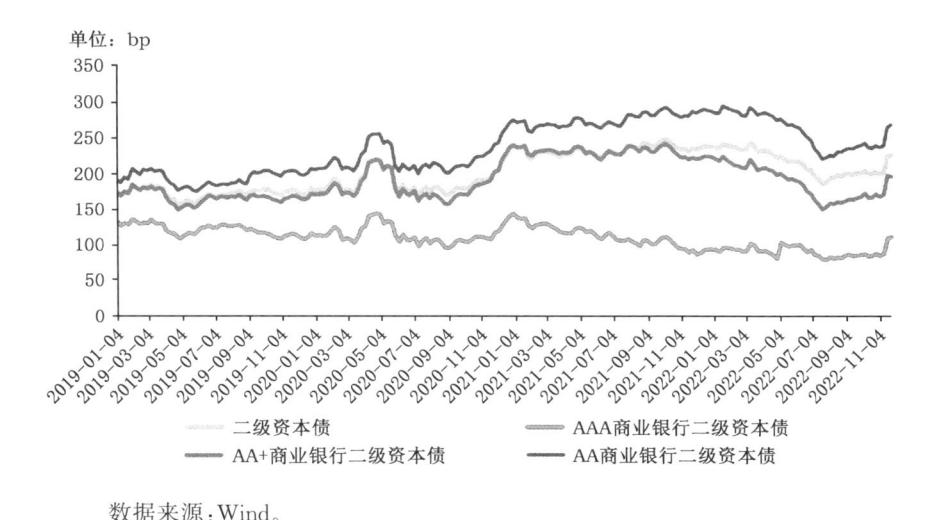

图6—5 2019年以来不同主体级别商业银行二级资本债信用利差变化情况

6.4 投资二级资本债的潜在风险

6.4.1 低等级债券会显著提高组合利润波动率,不利于稳健投资

新会计准则将资产进行三分类,依次是以公允价值计量且其变动计入当期损益的金融资产(FVTPL)、以公允价值计量且其变动计入其他综合收益的金融资产(FVOCI)和以摊余成本计量的金融资产(AC)。由于准则将银行新增的二级资本债归类为FVTPL,一旦市场快速调整,就会

放大投资组合的波动率,增大投资风险。在2022年11月初由于债券市场持续下跌引发的银行理财赎回潮中,二级资本债相较于利率品种出现了更为明显的下跌。2022年11月4日至2023年1月16日,以关键期限5年为例,国开债收益率上行30bp,高信用等级(AAA－)二级资本债收益率上行近80bp,而低等级(AA)品种收益率上行幅度超120bp,等级利差走阔,信用利差显著陡峭化(见图6－6)。究其原因,是二级市场上利率中枢的大幅上移,抬升了一级市场的融资成本,加大了银行再融资难度,不行使赎回权的可能性被动增加,因此低等级二级资本债信用溢价特征较为明显,不利于稳定投资收益。

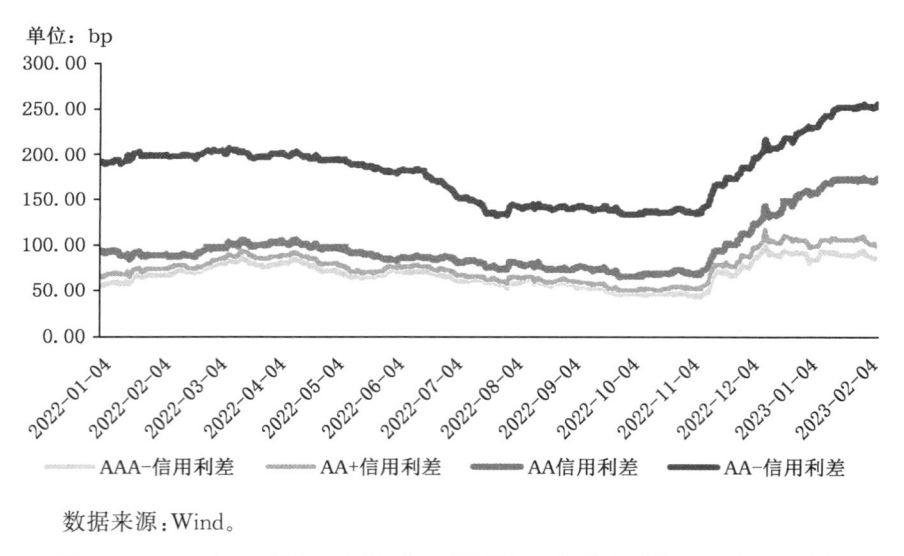

单位:bp

图6－6 2022年11月"理财赎回潮"后低等级二级资本债信用利差明显走阔

数据来源:Wind。

近年来伴随市场上未赎回的二级资本债逐年增加,市场对投资二级资本债的风险容忍度也在降低。对于多元资产配置的投资者来说,由于二级资本债风险收益特征不同(见图6－7),持有高等级品种可以更好地降低投资组合利润波动率,实现稳健的投资收益目标。

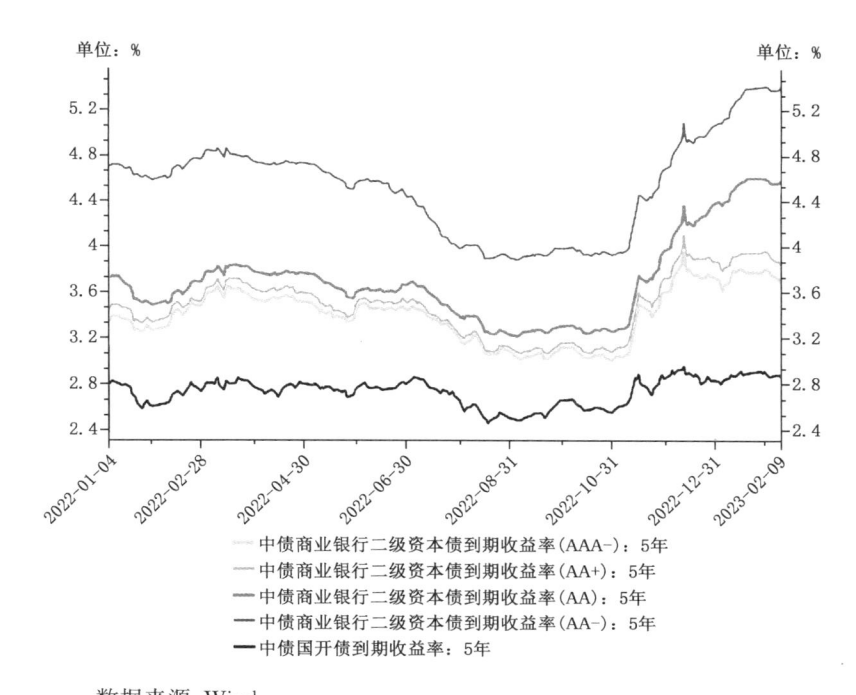

图 6-7　2022 年 11 月"理财赎回潮"后二级资本债收益率上行

6.4.2　债券展期重塑利率中枢，投资组合期限结构被动改变

投资者通过观察收益率曲线，能够清晰地了解在当前市场上同一类债券在不同期限上的收益率水平，从而灵活使用久期工具来管理逆周期风险。但对于二级资本债来说，倘若发行人不行使赎回权，债券展期后将完成从行权收益率向到期收益率进行市场定价的切换，前期持有的债券因为期限错配的缘故，在久期重置的同时利率中枢也会大幅上移，在久期管理与估值方面均会对投资组合造成负面影响。

在市场利率上行时，降低资产久期是非常好的防守手段，能够有效控制回撤，而二级资本债的展期却令投资组合久期被动调整，加大了利率风险管理的难度，不利于规避和分散风险。此外，依据新会计准则的要求，二级资本债作为计入 FVTPL 的资产，其浮动亏损直接计入当期损益，会侵蚀投资收益并降低组合回报率。

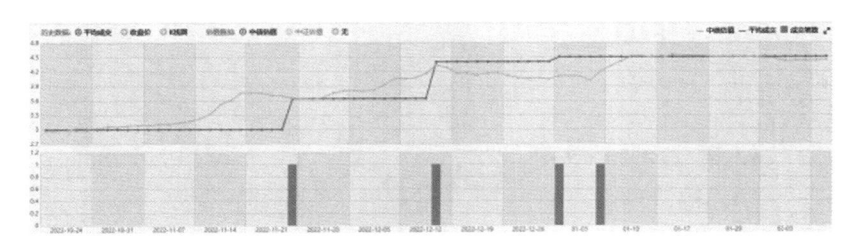

数据来源：QB。

图 6—8　突发事件导致某银行二级资本债收益率跳涨

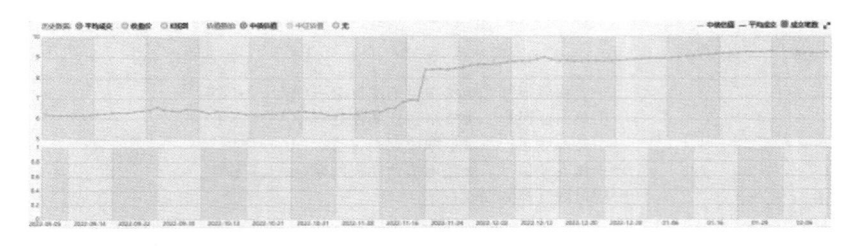

数据来源：QB。

图 6—9　突发事件导致某银行二级资本债收益率跳涨

6.5　二级资本债发行难度提升

6.5.1　市场情绪较差时，资质偏弱主体极易形成严重负反馈，发行成本会大幅抬升甚至难以发行

2022 年 11 月，债券市场持续下跌导致银行理财产品大面积破净，引发投资者"踩踏式"赎回不断。赎回潮之下，"债市下跌—理财产品净值回撤—客户赎回—产品被迫卖债—债市加速下跌—产品净值进一步回撤—客户继续赎回"的负反馈效应形成。从发行人角度看，在此负反馈效应

下,商业银行二级资本债发行成本大幅攀升,如 AAA 评级的工行 5+5 年期和 10+5 年期二级资本债发行成本分别上行 70bp 和 50bp。

需要注意,在二级市场利率中枢大幅上移并显著抬升一级市场融资成本的情况下,市场一方面在预期资质偏弱主体再融资难度提高,另一方面也在预期资质偏弱主体不行使赎回权的可能性增加。因此,资质偏弱主体会面临更为严重的负反馈,二级资本债发行会面临很大压力。

6.5.2 同业负面舆论事件会恶化债券发行环境

同业负面舆论事件也会使中小银行二级资本债发行环境趋于恶化。如 2023 年 1 月 5 日,某中南部城商行公告称对 2018 年发行的"18 某中南部城商行二级 01"债券不行使赎回选择权。公告发布后,该二级资本债估值收益率快速上行并带动 5 年期二级资本债信用利差上升 1.5~3.38bp,而同时间 5 年期中短票和城投债则下行,可以看出某中南部城商行不赎回事件已经引发了市场对中小银行经营环境、盈利状况和资本充足率的担忧,客观上加大了中小银行二级资本债的发行难度。

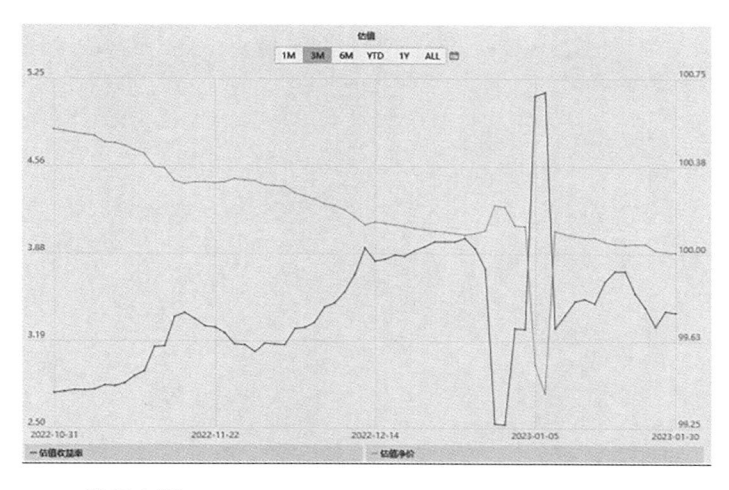

数据来源:QB。

图 6-10 负面舆论加大了中小银行二级资本债的发行难度

6.5.3　二级资本债不赎回是中小银行生存经营压力的缩影

根据《商业银行资本管理办法（试行）》，发行银行赎回其他一级资本工具，应符合以下两个要求之一：一是使用同等或更高质量的资本工具替换被赎回的工具，且只有在收入能力具备可持续性的条件下才能实施资本工具的替换；二是行使赎回权后的资本水平仍明显高于原银保监会规定的监管资本要求。以上两点对银行收入可持续性和资本充足率均有较高要求，从银行业经营角度来看，银行选择暂不赎回二级资本债可能有以下三方面考量：①由于盈利能力恶化、债券新发成本较高等因素，银行再融资难度较大，较难发行资本补充工具；②银行资本充足率已处于较低水平，部分银行在赎回前资本充足率已低于监管要求，行使赎回权后资本水平或将进一步恶化；③银行关注类贷款占比较高，未来转变为不良贷款的风险较大。部分资产规模较小（抗风险能力偏弱）、资产质量较差、资本充足率距监管要求较近或盈利能力较弱的中小银行在市场较强的一致预期下可能面临越发严峻的资本补充工具发行环境。

第二篇

债券短线交易

第 7 章　灵活运用基差策略以增厚收益

一方面，2023年年初以来，国内经济总量企稳，信贷和社会融资的增速较快且结构改善，市场也由疫情防控优化后的"强预期、弱现实"逐步转变为"弱预期、强现实"，但对未来经济复苏斜率和可持续性仍存在分歧；另一方面，一季度货币宽松总量适度，经济和信用延续修复，资金利率中枢收敛，后市长端利率可能维持震荡调整的行情。因此在当前的市场环境下，我们的实际工作面临诸多挑战，债券市场价格波动变小，价差收入获得难度逐步加大，债券市场整体未呈现明显趋势行情，通过把握市场趋势赚取价差的交易策略举步维艰。在利润考核压力下，单一的债券交易模式已经不能满足投资组合收益要求，需要灵活运用以国债期货为代表的衍生品工具与现券进行对冲套利，充分发挥其高杠杆、流动性强的优势，进而增厚组合收益。

正如笔者在本书第 13 章中所表述的，现券价格＝期货价格＋基差，其中，基差＝持有收益＋净基差。若进一步将要素细分，持有收益＝票息收入－资金成本，净基差则是空头的择物期权，即选择CTD的权利。在实际的投资交易中，我们通常更多的是基于期权的角度去理解国债期货的基差，即基差是国债期货内嵌的看跌期权。作为国债期货的空头，相当于买入了一个看跌期权，无论后市价格如何下跌，到行权日都将以一个固定的价格将现券卖出交割；作为国债期货的多头，相当于卖出了一个看跌期权，认为随着行权日的临近，看跌期权将完成向平值期权切换，卖出期权以达到做空内在价值和时间价值的目的。

因此，正向套利是在持有现券以获取票息收入的同时，博取看跌期权价格上涨的收益；而反向套利则是做空现券的同时做多国债期货，认为看跌期权价值将向零收敛，获取做空期权内在价值和时间价值的收益。然而需要注意的是，正向套利或反向套利并非在所有时点都适用，"时间"是期权最大的"敌人"，因为从买入期权的那一刻起，期权的时间价值就将不断衰减。源于期权独特的属性，国债期货套利策略的开仓时点也颇为讲究，以反向套利为例，一方面新主力合约流动性的边际宽松会修正持有收益的预期，期货的内在价值存在向上修复可能；另一方面当预期后市利率波动幅度变大时，交割券的择物期权即时间价值会相应提高，基差走阔会导致反套策略产生亏损。在主力合约上市初期，期货内嵌期权往往对后市的不确定性进行充分的计价，内在价值与时间价值都很高；临近到期的期货合约操作思路却恰恰相反，待到利率波动率趋稳并且看跌期权逐步向平值期权切换时，反套策略更具备高胜率的套利机会。

国债期货作为利率衍生品市场重要的组成部分，其核心的功能之一是对冲利率风险。从更高的层面来看，如证监会副主席方星海所言，一方面国债期货有助于改善债券市场流动性，进一步健全反映市场供求关系的国债收益率曲线，提升国债收益率曲线的基准定价作用；另一方面国债期货也有助于改善债券市场投资环境，增强机构投资者风险管理能力，提升财富管理水平。

近年来,国债期货市场保持较快的发展速度。2020 年 2 月监管机构批准商业银行和保险机构入市参与中金所国债期货交易、2023 年 4 月中金所正式开启 30 年期国债期货品种的上市交易等重大事件进一步强化了国债期货的利率风险管理的功能。在本章,笔者以期权为视角,阐释国债期货的内在属性,以寻求有效的期现联动套利策略。

本章是笔者在 2023 年 4 月 24 日所写,并站在这一时点对市场进行分析与研判,考虑到时效性,"当前时点"均指 2023 年 4 月 24 日。

7.1 国债期货合约的内嵌期权

显而易见的是,年初至今利率债收益率波动率在持续降低,在低波动的环境下很难把握波段交易机会。单纯持有现券多头可能仅能获得票息收入,较难赚取公允价值变动收益,已不能满足利润要求。出于组合投资的需要,应当灵活运用国债期货与现券对冲套利,充分发挥其高杠杆、流动性强的优势,进而增厚组合收益。

站在当前时点,正向套利持有现券虽然可以拿到票息,但做空国债期货将付出较大的时间成本,策略的性价比较低;相对地,反向套利具有可观的收益挖掘空间,做多期货近月合约的同时卖出现券,能最大限度赚取期权价值。

众所周知,基差=持有收益+净基差,若进一步将要素细分,持有收益=票息收入-资金成本,即"票息收入与资金成本的差值"为看跌期权的内在价值;净基差则是空头的择物期权,即看跌期权的时间价值。因此公式可以转变为基差=看跌期权=内在价值+时间价值。

以 10 年期国债 220019 作为交割券为例。2022 年 9 月 13 日 220019 基差为 2.344 9,净基差为 1.583 8,持有收益为 0.761 1。2023 年 4 月 24 日,220019 基差为 0.318 3,净基差为 0.315 3,持有收益为 0.002 8(见图 7—1)。从区间整体走势看,伴随 T2306 到期日的临近,基差与净基差的利差不断收窄,表现为持有收益向零收敛。但是其间也有异常波动,2022 年 12 月 28 日,交割券基差为 1.313 2,净基差为 1.998 3,持有收益为－0.685 1,净基差与基差的大幅倒挂的原因是当天期货价格出现急跌的同时看跌期权的时间价值瞬时大幅上涨。

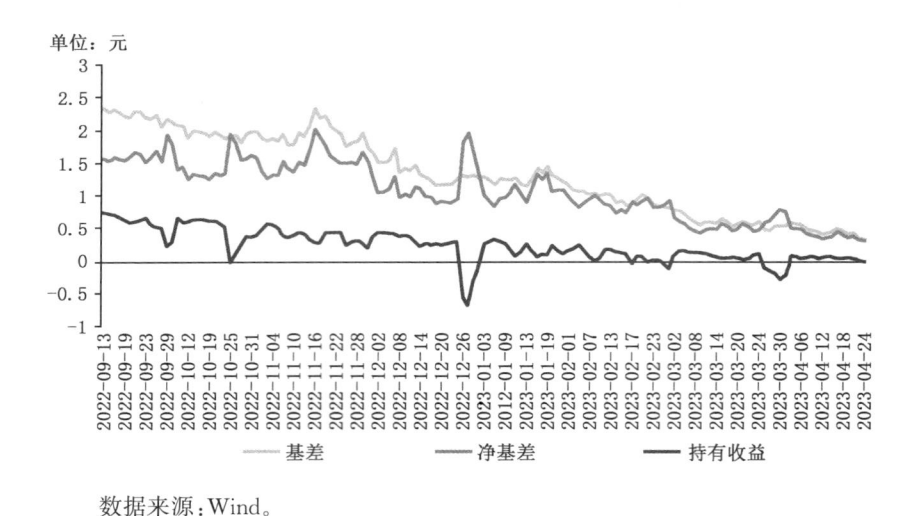

数据来源:Wind。

图 7—1　2022 年 9 月 13 日至 2023 年 4 月 24 日交割券的表现

7.2　正向套利与反向套利的策略选择

7.2.1　看跌期权向平值期权的切换——卖出期权做空内在价值

通过观察 2022 年 9 月 13 日至今的 DR007 价格走势,我们发现整个观察区间 DR007 加权平均价为 2.16，而 2023 年 3 月 1 日至今 DR007 加权平均价为 2.41，利率中枢上移幅度接近 25bp（见图 7—2）。交割券 220019 在 2022 年 9 月 13 日持有收益为 0.761 1，而 2023 年 4 月 24 日持有收益为 0.002 8。资金成本的抬升压缩了持有收益。

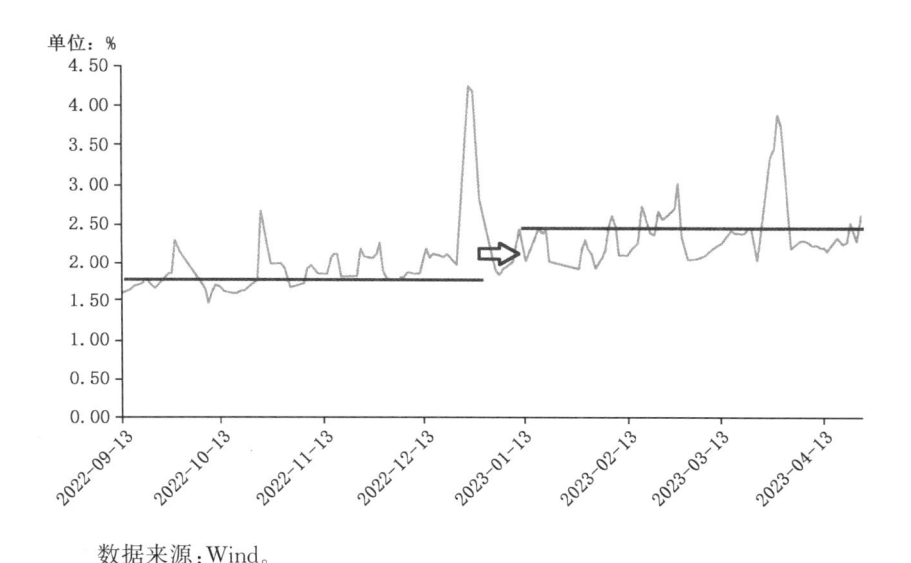

数据来源：Wind。

图 7—2　银行间质押式回购加权利率走势：7 天

期权的 Theta 表示期权价值的时间损耗，可以理解为每过一个交易日期权价格下降的数值，同样，Theta 也适用于衡量持有收益的时间损耗。持有收益与剩余交易日并非保持线性关系，而是呈现负凸性的特征，即伴随到期日的临近，持有收益呈现加速度下降趋势。一方面，3 月 1 日至今资金价格中枢上移至 2.41 持续压缩持有收益；另一方面，由于持有收益与到期日的负凸性特征，加快了持有收益的时间损耗（见图 7—3）。参照上述分析并结合实践，在当前时点，持有收益向零收敛是大概率事件，国债期货的看跌期权正处于向平值期权切换的过程，可以卖出看跌期权以获取做空内在价值的收益。

单位：元

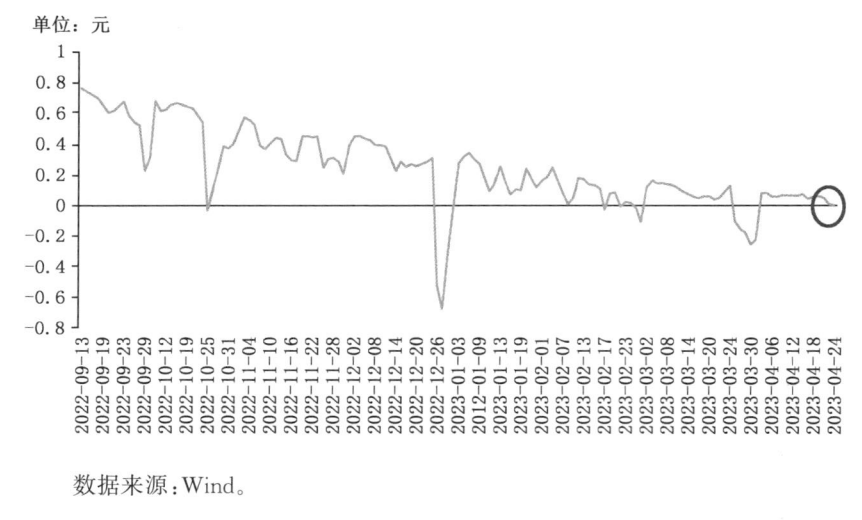

图 7—3　220019 持有收益

数据来源：Wind。

7.2.2　看跌期权向平值期权的切换——卖出期权做空时间价值

通过观察交割券 220019 的净基差从 2022 年 9 月 13 日至今的表现，在 2022 年 9 月 13 日净基差为 1.583 8，2023 年 4 月 24 日的净基差为 0.315 3。但在 2022 年 12 月 28 日，净基差与基差走势较为异常，交割券基差为 1.313 2，净基差为 1.998 3，净基差与基差大幅倒挂的原因是当天期货价格出现急跌的同时看跌期权的时间价值瞬时大幅上涨（见图 7—4）。

我们知道久期是描述债券价格对利率变动的敏感程度，同样平值期权的 Delta 也是衡量期货价格变动对期权价值的影响。随着到期日的临近，期权的 Delta 会像现券的久期一样，逐步趋向于零，期权价格对利率的波动形成免疫。10 年期国债期货合约的存续期大致为 9 个月，其内嵌期 Delta 的绝对值在不同情形下波动方向均有差异。

看跌期权向平值期权切换，内在价值跟随持有收益向零收敛，期权只剩下时间价值（净基差）。正是由于时间价值与剩余交易日的负凸性特征，当期权临近到期日时，Delta 值逐渐归零，即期权时间价值不仅对国债

单位：元

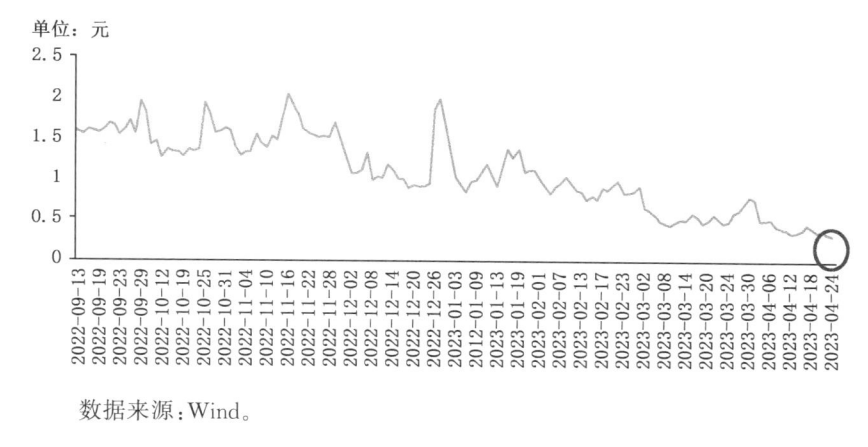

数据来源：Wind。

图 7—4　220019 与 T 净基差

期货价格波动不敏感，而且还以加速度向零靠拢。

从 Theta 角度看做空时间价值的必要性。Theta 是测量时间变化对期权理论价值影响的指标，可以理解为每过一个交易日，期权价格下跌的数值。国债期货内嵌期权的 Theta＝期权价格/剩余交易日。用 Theta 衡量时间价值与到期日的变化，同样呈现明显的负凸性特征。即当期权临近到期日，卖出平值期权能够最大限度获取时间价值加速度下跌的收益，这也是临近交割月，做多国债期货的一大优势。

综上所述，基于期权价格与到期日的负凸性，国债期货内嵌期权的 Delta 与 Theta 都指向时间价值的加速流逝，这正是我们建议卖出期权以获取做空时间价值收益的主要原因。

7.3　基差交易时点的判断及建议

反套策略并非在所有时点都适用，对于新主力合约来讲，一方面流动性的边际宽松会修正持有收益的预期，期货的内在价值存在向上修复可能;另一方面当预期后市利率波动幅度变大时,交割券的择物期权即时间价值会相应提高,基差走阔会导致反套策略产生亏损。因此在主力合约上市初期,期货内嵌期权往往对后市的不确定性进行充分的计价,内在价值与时间价值都很高,出于对定价因子 Theta 与 Delta 的考量,短期内随着时间流逝期权价格也不会有明显变化,卖出期权的反套策略缺乏性价比。相对地,临近到期的合约,待到利率波动率趋稳并且看跌期权逐步向平值期权切换时,反套策略才具有较好的套利机会。

第 8 章　高频交易之"决战1分钟线"

债券的研究和交易是不可分割的有机整体,不论多么成功的策略最终都要通过交易来实现,因而准确捕捉市场交易机会与制定策略同样重要。在实践中,市场提供的机会有些显而易得,而有些则需要在特定环境下才会发生,投资者有必要对其进行特定分析以厘清交易逻辑。

笔者认为,债券交易有三种盈利方式:一是赚趋势的钱;二是赚定价偏差的钱;三是赚噪音的钱。

第一种,赚趋势的钱。当有明确的趋势时,判断债券的趋势后坚定持有,获取趋势收益。当然这个趋势既可以是一次完整的债券牛熊市周期,也可以是震荡市中的一个中期波段,这取决于机构的风险偏好和个人投资能力的边界。"选择大于努力",赚趋势的钱相对较难,但通过研究分析把复杂的问题简单化,采取有效的操作方法,可以大大提高投资回报率。

第二种,赚定价偏差的钱。从笔者的从业经历看,每年债券市场都会有1~2次市场出现明显定价偏差的机会,有时候是一、二级定价出现偏差,有时候是不同债券品种出现定价偏差,只要能够及时捕捉到,并实施以较大的仓位,基本上每年都会获取可观的利润。我们只需要耐心等待机会,择时建仓,及时止盈即可。

第三种,赚噪音的钱,就是常见的日内高频交易。近几年多数机构纷纷入场参与日内高频交易,此种交易方式之所以成为市场追捧的对象,是因为日内高频从表面上看亏损可控,如果能够持续盈利,便是增厚收益的有效方式。资产定价理论(Asset Pricing Theory)告诉我们,资产定价的一个理论起点就是资产的收益率在极短的时间服从随机游走。

通过上述分析,我们认为第三种赚钱方式,即债券高频交易较为考验择时能力,对捕捉交易机会提出了更高的要求。源于交易员个人投资理念、投资能力边界和其所受到的客观约束条件不同,有些人热衷于做趋势/波段,而有些人则更偏爱日内高频交易。趋势/波段操作和短线操作两者本身并无对错优劣之分,赚趋势/波段的钱与赚噪音交易的钱本质上都是增厚收益的方式。事实上,不论是股票、商品还是债券交易,其内在逻辑大多是相通的,本章中笔者根据自身的实践经历,来论述债券短线交易的可行性。

8.1 短线交易逐渐成为主流

如今现券竞价博弈日益激烈,在现券交易中获取正向的资本利得是每一位交易员致力于实现的职业目标,"如何在越来越卷的市场中做好交易"已经成为大家共同关注的热点话题。

债券价格的波动受诸多因素影响,因此持仓时间越长,消息面的不确定性就越高,价格估测的准确性也越低;持仓时间较短,在一定程度上可以规避不可测的风险,因此价格预测也更为准确。在笔者看来,做日内交易的目标应当是在短期内找到覆盖交易成本的机会,止盈平仓或快速止损离场。由于交易时间短的特点,日内交易所面临市场波动的风险会更低。

笔者曾在一篇文章中做过"关于期货与现券价格关系"的回归分析,发现10年期国债期货与10年期利率债价格的相关系数高达0.96,且由于期货天然的"价格发现"属性,给日内交易者提供很好的价格指导作用,"看期货,做现券"已经基本成为市场所达成的共识。

8.2　巧妙运用国债期货1分钟K线图

对期货K线的技术分析方法多种多样,均线、MACD、KDJ、布林线等指标均可用于感知市场情绪与判断趋势。如本章第一部分所述,时间越短越能规避价格波动的风险,可以快速止盈或止损,1分钟、5分钟、15分钟、30分钟、60分钟等时间波段均被应用于实战。市场上的技术指标有数十种,我们很难将它们完全熟练地掌握,只需要熟练应用数十种指标即可,利用这些指标作为判断市场走势的依据。

8.2.1　"最大回撤率"表明1分钟K线图行情下投资组合"能涨抗跌"

基于大量真实交易案例的反复验证,根据国债期货1分钟K线图传递的信号来指导现券交易是较为有效的。国债期货具有很强的投机性,这意味着多空势力会频繁地切换控盘,止盈平仓的速度越快,胜率越大。回顾2019年11月7日上午10时期货的价格走势,1分钟行情下价格从97.800拉升至97.830,随后下跌至97.810;但在15分钟内,价格先后跌至 97.770 与 97.780。由此得出 1 分钟的最大回撤率为－0.020 4%，而 15 分钟的最大回撤率为－0.061 3%，由于 1 分钟行情下时间风险敞口较小，因此其抗跌能力也较强。

8.2.2 设置仓位大小与选择进场时点

关于仓位的设置，由于机构不同，风险偏好也各不相同，通常以较为主流的 0.5 亿～1 亿仓位来做。进场时点则需要根据实时多空情绪来设定。期货交易的目的有很多种，有套期保值交易、基差交易、单边套利交易，因此"多开"与"空平"也对应着不同的现券交易策略。在瞬时情况下，10～25 秒内连续的红色"＋15 多开、＋22 多开、＋24 空平、＋26 多开、＋35 多开、＋28 空平"都隐含着一个相同的意义——"短期多头控盘"，此时需要敏锐地感知多头情绪并在几秒内快速扫单建仓入场。回顾 2019 年 11 月 11 日期货的价格走势，早上 9 点 41 分期货价格在 97.730 开始释放信号，伴随着一连串红色"多开"与"空平"，期货在 35 秒内迅速拉升至 97.765，经历了 97.730、97.735、97.740、97.745、97.750、97.755、97.760、97.765 八档价位。由于现券价格往往与期货价格有几秒至几十秒的时滞，如果我们在期货拉升的前期能迅速建仓，即可获得这一波做多现券的收益。

8.2.3 止盈位的设置与止盈时间点的选择

用 1 分钟 K 线图来指导交易，即意味着快进快出。在 X-Bond 上交易成功的前提是需要先消化掉 bid 与 ofr 的价差，踩准正确的方向，继而才能获得盈利。根据期货价格与现券收益率的关系，0.01－0.03 元对应的收益率波动大致是 0.1－0.36bp，因此我们可以将 0.2bp 设置为止盈位，并在现券收益达到止盈位附近时立刻在 X-Bond 上扫单平仓离场。以单笔 1 亿 10 年期国开债来计算，0.2bp 的波动带来的做多/做空收益是 1.6 万元。我们同样也可以在 0.1－0.2bp 区间内止盈,收益会在 1 万元上下,虽然此种交易方式每笔所获得的盈利有限,但在日内如果能抓住多个区间进行超短波段交易,其所带来的总收益也是较为可观的。

8.3 遵守交易纪律,勤动脑多反思

认真思索交易中最重要的环节是什么,有的人认为超群的投资决策能力是取胜的关键,但市场本身具有很强的未知属性,所以没有人能准确地预测市场。既然市场是"未知的",那么交易员就一定要严格遵守交易纪律,像遵守法律一样坚决地执行交易纪律,遵守交易纪律是交易成功最重要的要素和品质。

8.3.1 科学地进行仓位管理

笔者认为,要以"基点价值"为中心来进行仓位控制。由于我们的投资组合中含有不同久期的债券品种,为了方便讨论,在此以 10 年期利率债为主要持仓品种来解释。如果我们的投资组合每日的 DV01 为 30 万,意味着可以持有 1 亿 10 年期利率债并容忍最大 4bp 的亏损。因为每天所面临的市场环境都各不相同,央行公开市场操作所引起的资金面波动或是宏观经济/货币金融数据公布等,都会使现券收益率出现较为明显上行或下行;此外,内外围出现突发事件,市场风险偏好发生变化等也会使收益率出现波动。总之,上述情况都会对持仓成本产生一定程度的影响。因此,在锁定基点价值的前提下,根据市场行情的变化及时进行仓位调整是较为科学有效的仓位管理方法。

8.3.2 "止损"是生存下去的保证

"交易策略上的主观替代"是不止损的一大原因。根据 1 分钟 K 线

图所释放出的信号,择机做多建仓入场,但是市场出现了与预期相反的走势。此时有些人会认为是由于统计局公布的 PMI 数据大幅不及预期,以及全天资金面情况比较乐观;抑或是预测即将公布的社会融资或 CPI 数据不及预期,因此判断收益率即使短期出现上行,但最终会调整至自己预期的点位。在投资交易实战中,交易员一旦出现这样的交易策略切换,逃避性地用长线思维去做短线,寻找牵强附会的理由来为自己失败的短线交易开脱,亏损的概率就会非常高,因为交易员主观上的交易策略替代违背了客观市场趋势。

8.3.3 "浮亏加仓"是极端行为

人性的贪婪,使得有些交易员在接连出现亏损的情况下,依然坚持自己对市场的主观判断,认为行情会反转,因此不断地增加仓位试图以未来更多的盈利来对冲掉之前形成的浮亏。诚然,如果对市场的判断正确,那么新增的仓位带来的盈利是可以对冲掉部分浮亏;但是实践证明大部分的浮亏加仓以失败告终,新增的仓位再次加重了浮亏,最终不得不强制平仓。"浮亏加仓"再一次阐述了主观决策要与市场相向而行,要尊重市场、顺势而为。

8.3.4 "逐笔平仓对冲"很重要

根据 1 分钟 K 线图所执行的短波段交易,核心要点就是严格设置止盈止损点,快进快出,迅速锁定盈利或亏损。1 亿头寸的短线交易,一旦进场后浮亏很快超过止损点,就需要立即全量平仓止损,"锁定亏损与平敞口"是进行下一轮交易的前提。

8.3.5 用正确的心态来面对交易,让失败变得有意义

日内交易由于其持仓时间较短、更好地规避价格波动风险以及快速

锁定盈利与亏损的特点,已受到越来越多人的青睐,选择恰当的交易策略并严格执行交易纪律可以提高交易的胜率。在日常投资交易中,我们的交易形成亏损本身并不可怕,但要汲取亏损的教训。通过日复一日的交易,在市场中遇到挫折、反复锤炼,在各种经历中不断升级自己的认知水平,有足够多的沉淀后才能逐步提升自身的价值。

第 9 章 从宏观到微观
——市场情绪指导投资交易

　　出于心理因素等主观能动性,投资者的投资行为并不是完全理性的。从行为金融学的角度看,主观心理往往通过投资者情绪来体现,因此投资者对市场未来发展趋势的预判能够左右其参与交易的意愿。情绪作为一种投资信念,受投资者学历水平、经验知识等多重因素共同影响,能够反映理性和非理性的成分,是个人认知价值的体现。事实上,标的资产的价格已经包含了市场对基本面、技术面和交易情绪等关键信息的预期,而短线操作中的价格信号更多反映了后两者。因而在短线交易中,技术面和交易情绪是我们需要关注的重点。

　　在第 10 章中,笔者将从交易方法和交易纪律两个维度详细论述债券短线交易的可行性。在本章中,笔者将先从宏观和微观两个层面进一步阐释如何做好债券短线交易。宏观层面上,以市场主流机构的投资偏好和风格等方面为切入点探究其投资行为变化对我们的启示;微观层面上,从多空情绪判断、多空力量分析、建仓与止盈、严格执行交易纪律四个方面来深度剖析如何构建并优化自身的交易体系。需要注意的是在第10章和第11章中,笔者会反复强调构建交易体系和严守交易纪律的重要性,希望能够引起读者足够的关注。

9.1 国内债券市场投资者行为分析

"多头行情、空头行情、盘整行情"的表现形式分别为:当投资者认为新的买入行为会增加潜在的未来现金流入时,大量资金就会进入市场,资产价格得以不断抬高;而当投资者认为新的卖出行为会增加潜在的未来现金流入时,市场卖出力量持续增强,从而令资产价格步入下跌通道;市场在多空博弈中达成动态均衡,并保持相对稳定状态。通过观察这三种情形,可以看出盘面走势是多空力量动态博弈的结果。

笔者认为影响投资交易的一个重要因素是"市场情绪",投资者通过行为分析以掌握对手的心理状态,只有正确感知群体情绪并顺势而为才可能实现目标收益。在上一章,笔者以高频交易中的"决战1分钟线"为例,主要解释了做好"止盈止损"以及"快进快出"的重要性。1分钟线图传递出来的信号反映了超短期市场情绪,在一定程度上具有不可持续性,本章着重阐释在扩充时间维度的基础上判断市场情绪的方法和增厚收益的途径。以2023年3月为时间截面,通过观察利率品种持有者结构,可以发现不同性质的机构对利率品种的选择迥然不同。商业银行持有地方政府债30.14万亿,占商业银行债券总托管量的51%;保险机构持有地方政府债14.04万亿,占保险机构债券总托管量的53.83%;证券公司持有国债0.72万亿,占证券公司债券总托管量的48.32%;非法人产品(公募基金)持有政策性银行债6.78万亿,占非法人产品(公募基金)债券总托管量的 67.13%;境外机构持有国债 2.13 万亿,占境外机构债券总托管量的 75.12%。托管数据表明,银行和保险机构更倾向于投资地方政府债,证券公司与境外机构更倾向于投资国债,非法人产品(公募基金)则更倾向于投资政策性银行债。从托管量来看,商业银行、非法人产品(公募基金)与保险机构是参与利率债投资的核心力量,进一步细分,我国银行间市场参与者主要有国有大行、股份行、城农商行、公募基金、保险资管和境外机构。

我们可以通过分析债券市场投资者行为,进而理解机构投资交易行为与利率走势之间的关系。

国有大行的投资期限基本与市场存量债券相一致,交易行为具有较强的配置特征,交易活跃度不高,而且很少出现大量减持的情况。

股份行的投资行为兼具配置与交易双重目的,净卖出或净买入的波动率在利率拐点处明显放大,交易方向与利率走势保持一致。

城农商行的机构职能定位使得"一级市场分销买入、二级市场卖出"的模式较为普遍,这也是被动配置需求的体现,因此其行为往往与市场走势产生背离。

公募基金依靠其强大的投研能力,往往对市场有前瞻性判断,并且出于净值排名的原因,债券基金的交易行为往往同步或领先于利率走势,从而获取资产公允价值变动收益。

保险资管是典型的配置型机构,对利率短期波动不敏感,其风格倾向于长久期资产配置,交易活跃度较低。

境外机构主要参考中美利差和国际汇率以及政策和税收等制度性因素,出于自身实际需求投资我国债券市场。

六大类投资主体机构属性的不同使得投资债券的行为逻辑各有差异,本着预判市场行情赚取价差收益的初衷,我们认为公募基金的机构行为最具有指示意义。具体可以从基金产品的投资比例、加权久期变化以及杠杆率等方面详细跟踪与分析,细微的变化往往是对我们的启示。

表9—1　　　　　利率品种持有者结构　　时间:2023年3月　单位:亿

	国债	地方政府债	政策性银行债
银行间债券市场	238 751.93	351 682.69	217 773.81
商业银行	163 914.91	301 357.61	125 687.17
信用社	2 574.90	1 657.54	6 710.45
保险机构	6 648.04	14 044.03	5 396.87
证券公司	7 149.42	4 279.55	3 367.40
非法人产品	15 188.16	17 990.50	67 750.23
境外机构	21 329.08	90.55	6 973.96
其他	21 947.41	12 262.91	1 887.72

数据来源:中债公司。

9.2　实践中的短线交易

要学会摒弃市场噪音,寻求主导因素,并以此作为博弈主线,坚定不移地执行交易策略。例如,以2019年12月5日全天T2003的走势来对情绪面做详细分析(见图9—1)。①2019年12月4日晚间海外传出消息,美国与中国非常接近达成第一阶段协议,这显然对债市是利空的;②刚刚公布的财新服务业PMI数据大超预期,经济回暖的预期对债市同样利空;③上午有消息表明官方针对MLF操作对机构进行询量。很显然诸多因素中MLF续作的消息最为关键,货币政策的边际变化对收益率走势的影响是最为直接的。流动性的投放对债市影响是积极的,MLF是否或超量续作或者降息续作更是牵动着交易员们的敏感神经,在"既然要续作,就有不排除有降息的可能"的共同情绪主导下,期货走出一连阳线行情,不动摇地做多现券才能赚取价差收益。实践表明了"知行合一"的重要性,对于日内交易来说,一定要做到"摒弃噪音"与"坚定执行策略"。

数据来源:Wind。

图 9—1　2019 年 12 月 5 日 T2003 走势

9.2.1　多空力量的分析

在明确了影响市场情绪的主要因素之后,就需要进一步对多空力量进行分析,以此为之后的建仓交易打好坚实的基础。"灵敏感知盘面量能的边际变化"是分析多空力量的重要方法。第一步,观察阳线/阴线与量能柱的量价同步变化;第二步,分析内盘外盘量能此消彼长的动态变化;第三步,用量能的边际变化来判断行情是否延续。例如,以 2019 年 12 月 6 日全天的 T2003 走势对量能进行详细分析(见图 9—2)。上午央行进行 MLF 续作,虽然此次为超量续作,但利率没有改变,因此打破了降息预期,对债市情绪影响还是偏空的,T2003 在短时间内小幅下跌。随后期货走出慢热的横盘行情。在横盘过程中，成交量较少且波动相当平稳，期货价格相应地在窄幅震荡，与此同时，内盘外盘处于此消彼长的胶着状态，并未出现多空情绪的明显切换。午后期货价格下跌且成交量放大，此时内外盘力量出现了更为明显的变化，内盘数值边际骤增，表明主动性卖盘在不断蓄能，投资者倾向于以更低的价格及时卖出。从"横盘"到"跳水"内盘取得压倒性胜利，空头情绪主导午后行情。

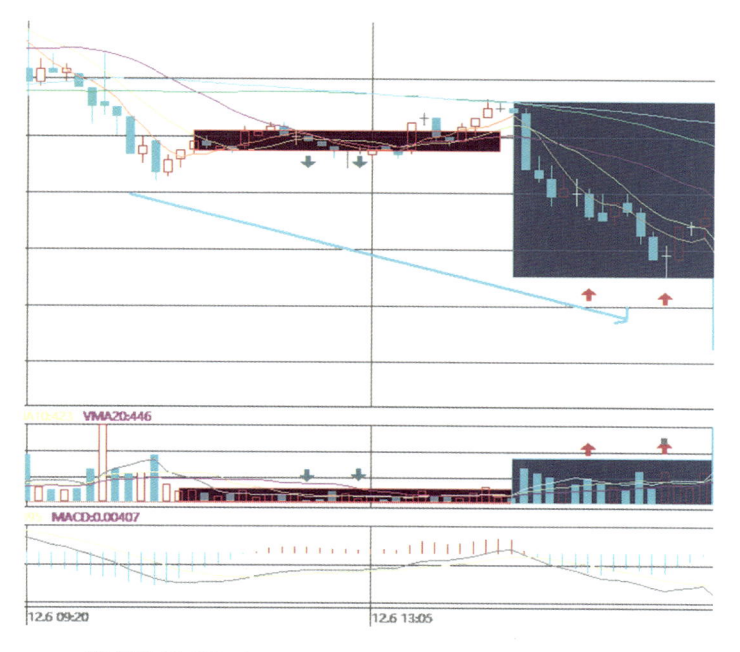

数据来源：Wind。

图 9—2　2019 年 12 月 6 日 T2003 走势

9.2.2　建仓与止盈

在分析了市场情绪与多空力量之后，我们就需要采取恰当的策略通过趋势交易来实现资本利得。第一步，设定止盈收益率；第二步，灵活运用回撤区间。当投资者判断市场短期进入空头行情后，采取先卖出后买入的策略。将 0.3～0.5bp 设置为止盈收益率，对应期货波动的价格大致为 0.04~0.06 元，倘若行情如期而至，我们择机止盈平仓即可。在下跌趋势中我们虽然实现了阶段性资本利得，但更重要的是如何应对行情的持续性。由于投资者们不同的交易目的，在下跌趋势中，出现回调是不可避免的，因此每次回调都是再次建仓的时点。如图 9－3 所示，当空头在 97.68 元的位置低位平仓后，价格出现回调，锁定回调形成的回撤区间，在区间高点 97.71 元再次做空即可进入下一轮行情。

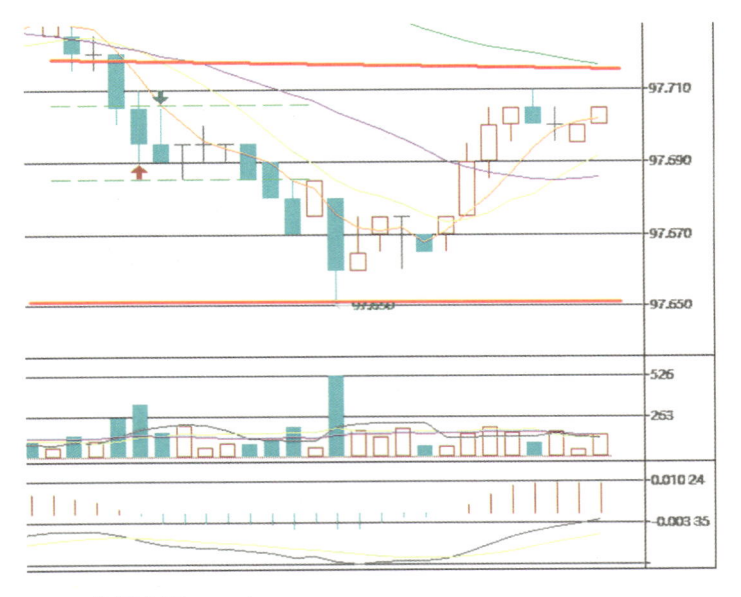

数据来源：Wind。

图 9－3　T2003 走势

假定现在有两种交易方式可供选择：一是设置 1 个止盈收益，一次性持有至平仓，止盈点为 Y bp，持仓量为 m 亿，久期 d，回撤区间为 C bp；二是灵活运用回撤区间，进行中频波段交易，止盈收益为 y，持仓量为 m 亿，久期 d，回撤区间为 c bp，交易次数 n。两种交易模式带来的收益是不同的。设交易方式一的总收益为 $K1$，交易方式二的总收益为 $K2$。则有：

$$K2 = \sum yi \times d \times m/100$$
$$= Y \times d \times m/100 + \sum ci \times d \times m/100$$
$$= K1 + \sum ci \times d \times m/100$$

由上述公式可以看出，后一交易方式较前者能更多获得来自回撤区间的额外收益。总之，在实战中设置止盈收益率较为容易，但更为重要的是灵活运用回撤区间来使自己的交易具有持续性。

9.2.3 止损是生存下去的保证

没有人可以永远在市场上立于不败之地，止损是风险控制中最重要的手段，止损线就是生命线。在日常交易中，我们会遇到很多预期之外的事情。对 2019 年 11 月 5 日的行情进行复盘，当时的大环境是市场一致预期通胀会持续抬升，出于通胀的恐慌情绪，现券抛压严重。早盘 190210 收益率一度上行至 3.815 0，上午 9 点 45 分央行超出预期地降低 5bp 续作 MLF，现券收益率下行并在 3.782 5 点位做短暂停留。假如有交易员认为通胀抬升的空头情绪完全主导市场走势，且 MLF 仅 5bp 的降幅对市场影响过小，于是在 3.782 5 做空 1 亿现券。违背客观规律的行为不会被市场认可，收益率下行至 3.776 0，被迫选择在 3.776 0 点位全量平掉空头仓位，随后在短时间内收益率下行至 3.74 低位；反之，若在 3.782 5 做多，即可获得收益。在 3.776 0 平仓，实现亏损 5.2 万；在 3.74 平仓，实现亏损 34 万。诚然及时止损是对规则的敬畏，也是仓位管理最重要的风险防线，市场的不可测性决定了止损存在的必要性。对于趋势交易，止损的核心是"设置止损点位"与"严控风险敞口"，既然明确了止损的逻辑，在交易中就要严格遵守交易纪律，执行止损策略。

为何笔者在第 8 章和本章反复强调交易员构建交易体系和严守交易纪律的重要性呢？这主要是因为在实践中非系统化的交易方式不仅会让交易员自身陷入无法对投资收益进行业绩归因的迷茫，也会给后期交易的大起大落埋下隐患。交易员只有形成既定的交易体系，才能真正做到知行合一。

诸多的交易方法没有优劣之分，重要的是构建适合自己的思维框架。我们不仅需要对行情辩证地进行分析并制定完善的交易执行策略，在实践中也要强化事前的预测、事中的研判、事后的总结，学习先进的理念并总结失败教训，只有这样才能不断完善自己的交易体系。

第 10 章　投机交易的风险与应对方法

　　在本书第 10 章和第 11 章中,笔者会强调交易方法与交易纪律的重要性,并从宏观和微观层面来论述如何做好债券短线交易。我们注意到,投机本质上是以小博大,"小"指的是如何将风险控制到最小,而投机交易本身又都是盈亏同源的,因此只有在控制好风险的前提下,才有可能实现以较小的代价博取到"大"的利润,这便是"以小博大"的实质。正如《孙子兵法》所言,"昔之善战者,先为不可胜,以待敌之可胜",和战争相似,严格"控制回撤"是我们在市场中长期生存下去的保证。"风险控制"是投机交易的首要任务,风险控制的意识和行动应当始终贯穿于投机交易的全过程。相反,忽视对风险的控制就意味着交易失去了理性,投机变成了赌博。投机交易中的风险难以避免,我们只有厘清风险的来源,才能有针对性地去应对,而只有控制住了风险,最终才得以实现稳定盈利。本章前两部分分别从技术分析失灵和主力资金布局的角度来阐释投机交易中风险的由来,第三部分在前文论述的基础上提出了应对风险的两种方法。希望本章能够帮助大家对投机交易中的风险及应对有更加清晰的认识。

10.1　技术分析常常会失灵

近几年来,债券投机交易越发活跃。这种现象的背后,是因为机构利润考核压力变大了,机构在持有固定票息的同时,也要通过获取资本利得来增厚投资组合收益。在此背景下,各种交易模式应运而生,其最终目的只有一个,通过博取资本利得实现超额收益。

试想一下,如果市场上人人都想实现盈利,又有谁愿意为亏损买单呢？在零和博弈的市场环境下,没人能保证永远盈利,入场就意味着要承担风险。本章主要对期现投机交易进行探讨,其中技术分析的失灵和主力机构的布局是我们在投资交易实战中都会直接面临的两个风险点,我们将在本章予以详述,或许能帮你认识到投机交易的本质。

市场上的技术分析方法五花八门,但其核心变量无外乎"量、价、时间"。在"量、价、时间"以及"历史会不断重演"的认知下,交易者的情绪在K线图中体现得淋漓尽致。交易者参照各种各样的"线"(支撑线、压力线等指标线)为自己的开仓提供理论依据。但是技术分析有时也会失灵,价格涨跌背后均是资金推动的结果。当期货大单入场时,会对价格走势产生较大影响,资金量决定了价格涨跌,而对市场深刻的研判,则是资金量进场的依据。"未来的不确定性"与"历史会重演"本来就是一对互斥命题,价格是真金白银博弈的结果,与技术分析相关性不大。

10.2 胜之有道——主力资金的提前布局

国债期货作为现券的衍生品,能够调节与引导现券价格,在交易时段,现券收益率的走势基本与国债期货保持一致。作为参与国债期货交易的主力机构,其拉升或者打压期货价格的行为,可以有效地传导至万亿现券市场,期货的杠杆属性在实盘中其实起到了四两拨千斤的效果。主力机构通过操控国债期货价格,以达成期货与现货共赢的目标。在实战中,了解主力资金的布局意图,能够帮助我们发掘盘面中所隐含的价格信息。我们暂时先从做多的角度来分析。简单来说,主力资金的操作可以分为"试盘、洗盘、吸筹、拉高、获利"五个过程。

主力资金需具备的两个基本条件:

(1)深厚的研究功底

包括但不限于:对不同维度宏观经济走势的预判,对交易大数据信息的剖析,对关键信息的优先获取能力。

(2)雄厚的资金实力

主力基于对宏观与微观两个层面的准确研判,依照"试盘、洗盘、吸筹、拉高"四个步骤实现收益。具体操作细节依据盈利目标而有不同,举个例子,若有 2 000~5 000 手国债期货按照上述的四个步骤来运作,会对价格造成多大影响?X 手国债期货在 100.155~100.2 区间有序布局空单,利用情绪引导期货价格进一步下跌,与此同时逐渐在收益率高位承接现券卖盘,现券建仓完毕后,在期货价格低点迅速完成空头平仓操作,带动现券收益率快速下行,即可实现期货与现券的双面收益。更直白些,我们需要搞清楚 2 000 手以上的期货迅速平仓会对市场造成怎样的冲击(实践证明,期货可以直接拉升 1~2 角)。虽然在实战中,期货配合现券的交易方法略有差异，但万变不离其宗的是其核心逻辑。

数据来源：Wind。

图 10—1　国债期货走势

10.3　两种方法灵活应对风险

在了解上述风险点后，我们该如何应对？

方法 1：辩证地看待技术分析，建立有效的套保对冲策略。

技术分析在一定程度上能帮助我们理解历史并对后市做出大体研判，但是主观分析与客观走势相吻合才能真正得到大众的认可。交易者需要辩证地看待技术分析，知晓单边行情的操作难度，采取"套保对冲"实为上策。

①分析期现基差的走势及分位值，用国债期货反向对冲现券 DV01，博取基差收益。

②分析券种间利差走势及分位值，进行现券利差对冲，博取利差波动收益。

交易者需要辩证地对待技术分析，规避对单边行情的赌博心态，及时建立有效的套保对冲策略,以做到稳中求胜。

方法2:仓位决定心态。

对于交易盘而言,仓位的多少直接影响参与者的心态,因此做好仓位管理比判断市场行情更加重要。科学的资金管理是实现"稳定"盈利的关键。根据不同的市场特征,遵从自身的交易原则,顺应市场变化,契合地进行仓位管理,做到"不满仓,进可攻,退可守",永远给自己留有余地。大道至简,实践出真知,只有妥当地安排使用资金,才能在把控风险的同时获取稳定收益。即使市场剧烈震荡,投资者只要做好资金管理便可控制好回撤。在对后市缺乏理性判断(无法确定主力资金意图)时,交易者更需要严格控制仓位,从源头上将风险最小化。

第 11 章　债券交易盘"内卷化"的反思

按照操作动机的不同,债券投资可以划分为交易盘和配置盘。在笔者看来,债券交易盘存在的意义在于获取超额收益,在做好止损的同时尽可能捕捉到市场行情的波动,带有"游击队"的色彩。在本章,笔者解释了利率债交易盘"内卷"的现状及其背后的成因,提出了自己对未来发展的希望。事实上,不仅仅局限于专业技能的精进和提升,笔者更希望大家能够站在更高的层面去解读整个债券市场,从而明确个人的职业规划及发展方向。

11.1　债券交易盘的优势与局限性

相比配置盘而言,债券交易盘有着自身独特的优势:
一方面,利率债投资的传统理念是牛市中加杠杆拉长久期,兼顾票息和资本利得收入；熊市中降杠杆缩短久期，在获得票息的情况下尽可能减少资本利得亏损。这种投资模式最大的短板是"靠天吃饭"，过于依赖市场行情的特性导致其在熊市或震荡市中难以完成利润考核目标。随着银行间市场的利率互换和债券借贷交易活跃度不断提升，10年期与30年期国债期货被广泛应用于套期保值，衍生品业务的蓬勃发展为利率债交易盘创造了诸多有利条件，利率债的投资理念也在悄然发生变化。在熊市中，交易盘通过捕捉趋势性做空机会，择时空开与空平，在多数机构承受亏损的情况下仍然能够获取大幅超越市场基准的收益；在震荡市中，交易盘高抛低吸的操作特点是其实现利润最大化的制胜法宝。综上所述，利率债交易盘近年逐渐被更多的机构所重视和采纳。

另一方面，交易盘在控制回撤方面优势更加明显。笔者认为控制回撤至少存在两方面的积极意义：①择时止盈，落袋为安。在牛市环境中收益率的下行趋势会呈现次级折返的波浪形走势，通过精准择时，在每一个收益率相对低点平仓离场，适时规避利率短期上行对利润造成的侵蚀。②及时止损，防患于未然。笔者在第10章"投机交易的风险与应对方法"中已经对止损的重要性做了非常详细的论述，一言以蔽之，止损是投资交易的生命线。

交易盘兼具诸多明显优势的同时，也存在较大的局限性。笔者认为利率债交易盘面临三大困境。

一是资金管理规模小。由于风险管理的规定，商业银行通常会在DV01和资金规模方面对交易盘投资组合进行严格限制。据笔者了解，不少机构通过设置40万DV01以限制交易盘规模。与各类资管产品动辄百亿元起步的体量相比，债券交易盘显得过于渺小。截至2023年5月，国内债券总体量已达145万亿元，其中利率债规模超过86万亿元，相比之下交易盘实为沧海一粟。无论是从个人发展还是机构发展的角度看，交易盘所代表的资金属性偏离主流方向甚远，发展会受到明显的限制。

二是交易成本高。对交易盘而言,日内频繁操作的目的在于尽可能规避亏损并追求更高的盈利,但高频操作无疑会抬升交易成本。目前,市场主流模式仍然是通过中介公司达成现券交易,1亿元交易量的背后不仅要付出数千元的中介佣金,而且还要承担相应的结算费用。对于交易盘日内动辄十几亿元甚至几十亿元的交易量而言,其产生的交易成本是一笔庞大的费用支出。根据笔者调研,顶尖级别交易选手的综合手续费支出会占到资本利得的10%以上。

三是不利于个人全面发展。券种的流动性是交易盘考虑的首要因素,在实践中交易盘主要对利率品种的活跃券进行日常盯市。一成不变的盯市模式与操作思路消耗了交易员过多精力,令其难以兼顾对非活跃券种的研究和其他业务的学习。长期在狭窄的领域做单一的事,容易让人陷入无解的循环,在一定程度上不利于个人综合能力的提升。

11.2 "赚钱效应"下降后的焦虑

近年来,伴随着银行间债券市场准入门槛持续放宽,积极参与债券交易的机构不断增多,尤其在2021年一季度的政策红利下,交易盘更是涌现出许多新的面孔。获取资本利得成为每一位投资者致力于实现的目标,但随着参与者数量的增加,竞争也更加白热化,赚钱效应反倒在下降,交易盘充斥着"内卷化"的焦虑。在此,笔者不鼓励大家拿"内卷"当挡箭牌,从而对交易产生抗拒心理,"路漫漫其修远兮,吾将上下而求索",在认清形势的同时积极寻求变革,才是破局之道。

我们以流动性最好的国开活跃券为研究对象,来探究交易是如何内卷的。

11.2.1 单边波段行情的不确定性——交易盘成为投机工具

在此我们需要强调,由于市场深度以及参与者交易风格的不同,高频交易大多具有投机性,即大多数高频交易不是趋势跟随策略。尽管高频交易的确在市场震荡时起到"推波助澜"的作用,放大了市场波动率,但是其本质依然是投机,趋势性行情终归需要市场合力来形成。故活跃券高频率地开仓平仓、止盈止损等操作难以有效地抓住市场运行轨迹,反倒容易令投资者在混乱的节奏中迷失自我。

11.2.2 期现基差的不确定性——现券与期货相关系数动态调整

2021年4月中旬至5月中旬,10年期国开债200215与国债期货主力合约基差由"-2.3"向"-2.9"持续收敛酝酿出当月最大的结构性机会。在基差动态调整的过程中,期货多头与现券空头形成较为鲜明的对比,由此导致收益率对期货价格下跌反应更加激进,多头承受较大的回撤压力。倘若基差走阔,即持有现货多头与期货空头的意愿增强,收益率对期货价格上涨反应更加激进。故基差的不确定性会引发现券与期货相关系数动态调整,这也是诸多投资者盲目参照期货价格追涨杀跌,最终频繁止损出局的原因,交易是需要智慧的脑力活,说到底还是需要用自己的逻辑框架去分析基差释放出来的信号。

11.2.3 现券利差不确定性——同品种债券走势分化

5年期国开债200212与10年期国开债200215在2021年1月下旬至2月中旬短时间内走势呈现出较为明显的分化。10年期国开债在三周时间内出现13bp的上行,而5年期国开债则仅有7bp。究其原因,二者利差走阔无外乎是基本面预期转向、流动性变化以及换券等因素共同作用的结果。因此在利率出现较大幅度上行的情况下,并非没有交易机会,只要从相对价值进行分析,挖掘潜在的个券机会,也能实现较为稳定的盈利,正如上述做多5年做空10年的策略。同样的方法也适用于跨品种、跨期限的个券选择,无论市场如何调整,收益率曲线形态怎样改变,我们只要发掘相对价值即可。

11.2.4　一、二级联动——市场割裂下的机遇与挑战

债券一、二级联动的交易模式流行的原因就在于一级买入、二级卖出会产生套利空间,一级市场的全场倍数、边际倍数、加权利率、边际利率都向市场反应出配置意愿的强弱。然而,债券一、二级不仅存在正利差,负利差对市场的传递效果有时更为明显。如何从市场给予的反馈中更好地识别套利机会,更好地规避风险,需要抓住两个核心要点:"流动性"和"博边际"。"流动性"是指选择流动性较强的活跃券,是能够实现一、二级联动的基础,在有负利差时能及时获得确定性收益,在正利差时亦能及时离场;而"博边际"是指对边际利率进行博弈,这是为了获得最优的一级价格,最大化一、二级的套利空间,提高交易盘的胜算。

11.3　希望与祝福

高频交易模式在当下较为流行,诚然,快进快出可以最大限度地减少亏损,但是这种操作模式忽略了更深层次的思考:①市场是否真正给我们提供了充足的交易机会,如何较大程度地屏蔽噪音干扰;②高频次的操作降低了交易质量,主观行为与客观条件容易产生背离。基于以上两点,"高频次地开仓平仓""频繁地止盈止损"不仅放大了市场信息的不对称性,也抬高了交易成本,因此未来机构应该以长远业绩为导向,做时间与趋势的朋友,科学理性地进行长期投资。

债市"躺着赚钱的日子已经过去",我们现在面临的是由"不确定性""期现基差""现券利差""一、二级联动模式"等诸多因素共同催生出的波动加剧的震荡市。投资者应该聚焦于研究能力与风控能力的提升,以深度研究为基础,秉持积极的心态在震荡市中发掘收益机会,最大限度规避"不确定性"带来的风险。具体要以收益率曲线为指导,深度分析期限利差成因,捕捉结构性行情;以各券利差为锚,及时对定价偏差进行套利;一、二级联动要以"流动性"与"博边际"为实践宗旨,甄别风险与机遇。

第三篇

债券组合的风险管理

第 12 章 现券利率风险的测算与分析

  债券作为一种标准化资产,相较于信贷类资产,其流动性与安全性更强,且收益率随行就市,可以满足银行多方位需求。具体到参与主体,主要是金融市场部、资产负债部与理财子公司。笔者长期在金融市场部从事债券投研工作,在此只站在金融市场部的角度阐述相关问题。新会计准则 IFRS9 对债券投资管理提出了更高的要求,尤其是"FVTPL 资产的风险计量"给实操增加了不少难度。例如,新会计准则规定以"二永债"为代表的信用类资产需要划分至 FVTPL 账户,每日计提二永债净值变动损益,因此账户基点价值的波动率被动放大,对利率风险管理的工作提出了更高的要求。虽然 OCI 账户的公允价值变动不体现在当期损益科目,但也不意味着可以忽略利率上行造成的后果,毕竟浮动亏损会拖累部门利润完成进度。由此在实际工作中,大家对利率的波动更为敏感,有时甚至会为了 0.25bp 而"锱铢必较"。目前银行净息差持续压缩的现状,进一步强化了金融市场部"利润中心"的职能定位。伴随机构间越发激烈的竞争，债券投资操作的难度持续提升，在此背景下，着实需要建立完善的风险管理体系为债券业务保驾护航。

在债券投资交易中，我们通常会面临"利率风险""流动性风险"和"操作风险"，其中"利率风险"所形成的损益波动会影响利润完成进度，"流动性风险"具体表现为资产变现困难，"操作风险"属于非系统性风险且主要涉及合规问题。对于天然多头属性的银行来讲，"利率风险"是所有风险的源头，流动性出现问题或是操作行为偏差造成的不良后果也都是基于利率风险的传导。具体到实际工作中，我们要对资产利率风险进行合理的分析与测算，在做投资配置之前要先对资产历史周期内的利率波动率有深入的理解，做到心中有数、手中有策、行动有方。

我们知道不同久期的债券对利率变动的敏感度是不同的，例如，10年期国债看起来比7年期国债承受着更高的利率上行风险。但问题是仅仅以久期长短来衡量利率风险是否合理？答案是否定的。首先，收益率曲线的非平行移动是测算出现误差的原因；其次，历史周期内的价格波动率可以为风险测量提供理论依据。在工作中需要科学地测算价格波动率，才能进一步防范投资组合利率变动风险。在2020年2月，出于实际工作需要，笔者采用10年期国债190006的中债估值，采用"历史波动率测算"和"平移加权波动率测算"两种方法对自己的想法进行了实证分析。

12.1　久期难以完全衡量利率风险

根据债券定价公式，不同久期的券种对利率变动的敏感性是不同的。假设我们的投资组合中只有10年期国债190006与7年期国债190007两个券种，很显然190006要比190007承受更高的利率上行风险。能否仅以久期长度来认定190006的利率风险高于190007？答案是否定的，因为缺少对利率的波动率的测算。若在相同时间段 190007 利率上行幅度为 190006 的 2 倍,那么 190007 承受更高的利率风险。

12.2 静态指标之"历史波动率"

在概率论中,方差是对随机变量或一组数据的离散程度的度量,在此我们引入方差与标准差来进行利率风险测算。如表 12-1 所示,我们选取 10 年期国债 190006 自 2020 年 1 月 13 日至 2 月 14 日期间 20 个工作日的中债估值来对此券进行标准差度量,以便测算最终的波动率。

表 12-1　　　　　　　　10 年期国债 190006 中债估值

日期 (20 个工作日)	中债估值(%) Y_n	较前日变化(%) $Z_n=(Y_n-Y_{n-1})/Y_{n-1}$	差平方(%) $(Z_n-A)^2$
2020.02.14	2.854 9	-0.080 5	0.133 8
2020.02.13	2.857 2	-0.129 3	0.100 4
2020.02.12	2.860 9	1.342 5	3.199 8
2020.02.11	2.823 0	0.259 3	0.497 7
2020.02.10	2.815 7	-1.036 8	0.348 8
2020.02.07	2.845 2	-0.981 4	0.286 4
2020.02.06	2.873 4	-0.027 8	0.175 1
2020.02.05	2.874 2	0.955 4	1.964 6
2020.02.04	2.847 0	0.943 1	1.930 4
2020.02.03	2.820 4	-6.466 8	36.247 0
2020.01.23	3.015 4	-0.452 3	0.000 0
2020.01.22	3.029 1	-0.958 0	0.261 9
2020.01.21	3.058 4	-1.519 8	1.152 6
2020.01.20	3.105 6	-0.202 4	0.059 4
2020.01.19	3.111 9	-0.304 4	0.020 1

续表

日期 (20 个工作日)	中债估值(%) Y_n	较前日变化(%) $Z_n=(Y_n-Y_{n-1})/Y_{n-1}$	差平方(%) $(Z_n-A)^2$
2020.01.17	3.121 4	−0.089 6	0.127 2
2020.01.16	3.124 2	0.073 7	0.270 3
2020.01.15	3.121 9	−0.185 4	0.068 0
2020.01.14	3.127 7	0.381 9	0.685 9
2020.01.13	3.115 8	—	—
	求和：	−8.478 8	47.529 5

数据来源：Wind。

结合上表数据以及方差的数学公式 $S^2=\sum(Z_n-A)^2/(n-1)$，其中：

● Z_n 为第 n 日收益率较第 $n-1$ 日收益率的波动幅度。例如第二天（1月14日）的收益率为 3.127 7%，较第一天（1月13日）的波动幅度为：(3.127 7−3.115 8)/3.115 8×100=0.381 9%。

● A 为 20 天 Z_n 的算数平均数，$A=\sum Z_n/(20-1)=-0.446\ 3\%$。

● $(Z_n-A)^2$ 即方差公式的分子，$\sum(Z_n-A)^2=47.529\ 5\%$。

因此，方差 $S^2=\sum(Z_m-A)^2/(n-1)=47.529\ 5\%/19=2.501\ 6\%$，标准差 $S=\sqrt{S^2}=1.581\ 6\%$。

根据需要，我们由日标准差可以进一步计算出月度标准差、季度标准差以及年度标准差。如上所示标准差 $S=1.581\ 6\%$，对标准差进行不同时间区间测算时需要明确以下要素：①计算出正确的日收益率标准差；②使用一年中实际工作日来确定年度标准差；③根据年度标准差逆向推出月度、季度标准差。在本例中，我们使用 250 天作为一年中的实际工作日，从而有：

① 年度标准差 $S_1 = S \times \sqrt{250} = 25.0073\%$
② 季度标准差 $S_2 = S_1/\sqrt{4} = 12.5036\%$
③ 月度标准差 $S_3 = S_1/\sqrt{12} = 7.2190\%$

数据来源：Wind。

图 12—1　年度、季度与月度标准差

令标准差与正态分布相结合，运用置信区间与置信度来测算收益率波动的幅度与概率。假设 190006 收益率波动符合正态分布，使标准差等要素不变，在 2 月 14 日 10 年期国债 190006 收益率为 2.8549%，则置信度与置信区间计算如表 12—2 所示。

表 12—2　　　　　　　　年度、季度与月度标准差

置信度/置信区间	月度标准差(%)	季度标准差(%)	年度标准差(%)
68.2%(1 个标准差)	(2.6488,3.0610)	(2.4979,3.2119)	(2.1410,3.5688)
95.4%(2 个标准差)	(2.4427,3.2671)	(2.1409,3.5689)	(1.4271,4.2827)

数据来源：Wind。

①根据正态分布曲线定义，以现在的市价收益率为中心，未来 1 年收益率落在中心加减 1 个标准差的置信度是 68.2%；未来 1 年收益率落在中心加减 2 个标准差的置信度是 95.4%；②以年度标准差为例，1 个标准差带来的收益率波动为 2.8549×25.0073/100＝71.39bp，因此未来 1 年收益率有 68.2%的概率落在中心加减 1 个标准差区间(2.1410%，3.5688%)；③以年度标准差为例，2 个标准差带来的收益率波动为 2.8549×2×25.0073/100＝142.78bp，因此未来 1 年收益率有 95.4%的概率落在中心加减 2 个标准差区间(1.4271%，4.2827%)；④ 季度以及月度标准差下相关置信区间计算方法同上。我们运用标准差及正态分布不仅可以测算收益率的波动区间，而且可以在投资组合不同的时间风险敞口下较为科学地对收益率波动进行预测，进而对年度、季度以及月度进行延展拓宽。基于时间序列的基本特征，收益率的波动走势具有延续

性,且距现在时点越远的节点事件冲击对行情的影响边际递减,距现在时点近的节点事件冲击对市场情绪起主导作用。因此随着时间的推移,进行标准差计算所需的数据也要不断平移更新,"平移加权波动率测算"是我们的第二种研究方法。

12.3　动态指标之"平移加权波动率"

依然保持上例中要素不变,现追踪自 2020 年 1 月 17 日起连续 16 个交易日的标准差,如表 12-3 所示。

表 12-3　　　　　　　　　　标准差

日期 (20 个工作日)	中债估值(%) Y_n	较前日变化(%) $Z_n=(Y_n-Y_{n-1})/Y_{n-1}$	差平方 $(Z_n-A)^2$
2020.02.14	2.854 9	-0.080 5	0.246 8
2020.02.13	2.857 2	-0.129 3	0.200 7
2020.02.12	2.860 9	1.342 5	3.685 8
2020.02.11	2.823 0	0.259 3	0.699 8
2020.02.10	2.815 7	-1.036 8	0.211 2
2020.02.07	2.845 2	-0.981 4	0.163 3
2020.02.06	2.873 4	-0.027 8	0.301 9
2020.02.05	2.874 2	0.955 4	2.349 1
2020.02.04	2.847 0	0.943 1	2.311 7
2020.02.03	2.820 4	-6.466 8	34.686 4
2020.01.23	3.015 4	-0.452 3	0.015 6
2020.01.22	3.029 1	-0.958 0	0.145 0
2020.01.21	3.058 4	-1.519 8	0.888 4
2020.01.20	3.105 6	-0.202 4	0.140 5
2020.01.19	3.111 9	-0.304 4	0.074 5
2020.01.17	3.121 4		

续表

日期 (20个工作日)	中债估值(%) Y_n	较前日变化(%) $Z_n=(Y_n-Y_{n-1})/Y_{n-1}$	差平方 $(Z_n-A)^2$
求和：		−8.659 3	46.120 6

数据来源：Wind。

- A 为15天 Z_n 的算数平均数，$A=\sum Z_n/(16-1)=-0.577\ 3\%$。
- $(Z_n-A)^2$ 即方差公式的分子，$\sum(Z_n-A)^2=46.120\ 6\%$。
- 方差 $S^2=\sum(Z_n-A)^2/(n-1)=46.120\ 6\%/15=3.074\ 7\%$，标准差 $S=\sqrt{S^2}=1.753\ 5\%$。

缘于新冠疫情影响以及2月3日当天央行降息10bp续作OMO，打开新一轮的降息空间，因此190006收益率较前一日出现近20bp的下行幅度。1月17日至1月23日距离现在时点较远，且属于未降息背景下的观望行情，因此根据时间序列特性，此区间数据对走势影响边际减弱；2月3日至2月14日降息正式落地，市场持续消化降息带来的影响，并且市场情绪较为趋同，此区间数据对日后走势影响起主导作用。换言之，降息后的收益率每天环比波动的参考价值要高于降息前的水平，故对参与追踪的 $(Z_n-A)^2$ 重新赋予不同的权重，具体如表12—4所示。

表12—4　　　　　　　　　重赋权后的差平方

日期 (20个工作日)	中债估值(%) Y_n	较前日变化(%) $Z_n(Y_n-Y_{n-1})/Y_{n-1}$	赋权	赋权后差平方 $(Z_n-A)^2$
2020.02.14	2.854 9	−0.080 5	1.4	0.345 5
2020.02.13	2.857 2	−0.129 3	1.4	0.280 9
2020.02.12	2.860 9	1.342 5	1.4	5.160 1
2020.02.11	2.823 0	0.259 3	1.4	0.979 7
2020.02.10	2.815 7	−1.036 8	1.4	0.295 7
2020.02.07	2.845 2	−0.981 4	1.4	0.228 6

续表

日期 (20个工作日)	中债估值(%) Y_n	较前日变化(%) $Z_n(Y_n-Y_{n-1})/Y_{n-1}$	赋权	赋权后差平方 $(Z_n-A)^2$
2020.02.06	2.873 4	−0.027 8	1.4	0.422 7
2020.02.05	2.874 2	0.955 4	1.4	3.288 7
2020.02.04	2.847 0	0.943 1	1.4	3.236 3
2020.02.03	2.820 4	−6.466 8	0.4	13.874 6
2020.01.23	3.015 4	−0.452 3	0.4	0.006 3
2020.01.22	3.029 1	−0.958 0	0.4	0.058 0
2020.01.21	3.058 4	−1.519 8	0.4	0.355 4
2020.01.20	3.105 6	−0.202 4	0.4	0.056 2
2020.01.19	3.111 9	−0.304 4	0.4	0.029 8
2020.01.17	3.121 4	—		
		求和: −8.659 3		28.618 4

数据来源:Wind。

- 对$(Z_n-A)^2$重新赋予不同的权重后,求得方差$S^2=\sum(Z_n-A)^2/(n-1)=28.618\ 4\%/15=1.907\ 9\%$,标准差$S=\sqrt{S^2}=1.381\ 3\%$。

对比权重调整前后收益率波动区间的变动:①权重调整前,以年度标准差为例,1个标准差带来的收益率波动为$2.854\ 9\times1.753\ 5/100=5.01$bp,因此未来1年收益率有68.2%的概率落在中心加减1个标准差区间(2.804 8%,2.905 0%);②权重调整后,以年度标准差为例,1个标准差带来的收益率波动为$2.854\ 9\times1.381\ 3/100=3.94$bp,因此未来1年收益率有68.2%的概率落在中心加减1个标准差区间(2.815 5%,2.894 3%);③对比以上两个收益率波动区间,可以发现权重调整后对收益率波动区间的测算更为精准,其原因是降息落地后市场持续消化降息带来的影响,市场情绪较为趋同,收益率每天环比波动的参考价值要高于降息前的水平。

在进行投资组合利率风险管理的过程中，个券间久期差异会导致基点价值的不同变化；同时也要密切关注利率波动率的状况，可使用"历史波动率测算"或"平移加权波动率测算"两种方法对利率波动率进行测算，进而帮助我们有效地应对投资组合的利率变动风险。

第 13 章　主要衍生品的特征和估值方法

国债期货作为一种非常成熟的衍生品工具，深受市场参与者的青睐。交易员采用多种多样的实战策略，将国债期货的价格发现功能发挥到了极致。国债期货的保证金制度决定了其高杠杆特性，银行类机构均持有大量现券，一旦直接加入国债期货市场，势必会造成行情的剧烈波动。因此出于防范系统性风险的考虑，目前仅有农行、交行等少数国有大行具备国债期货交易权限。

国债期货展现的是现券的远期交割价格，反映出市场对未来收益率走势的预期，它不仅可以有效地反映债券供求关系，也是一种能够提高现券定价效率的价格发现工具。国债期货是笔者从事现券投资工作的重要辅助工具，跟踪"国债期货与活跃券基差""国债期货与最便宜可交割券基差""国债期货与关键期限利率债分位值"是笔者每日的工作重点。

在实际工作中，国债期货的价格发现功能决定了其存在价值，期货作为远期价格，在对未来资产进行定价的同时也可以合理地修正当前的市场预期，这是现券不具备的功能。银行的 AC 账户按照摊余成本法计量项下的资产，注重静态收益率考核，不需要进行盯市估值；FVTPL 与 OCI 账户以交易价差为目标，利润来自持有期间公允价值变动损益和票息收入。两种账户的属性决定了债券操作逻辑的不同，因此对国债期货的研究主要用于辅助 FVTPL 与 OCI 账户的债券投资。

利率债的价格取决于"收益率""净价""久期""凸性""票面利率"和"剩余期限"六大要素，简单易得，因而其估值方法较为简单直接。国债期货的合约设计较为复杂，作为一种非永续衍生品，无论是从交割机制还是估值方法等方面都与现券有很大差异。正如上文所说，我们需要掌握国债期货的特征与估值方法，把衍生品与现货有机地结合起来，在国债期货的辅助下使得现券投资更加精细化、专业化。同样，期权和利率互换两个衍生品工具也是为对冲现券利率风险保驾护航，其合约的设计和估值的方法均与国债期货存在差异，有必要进一步探究。

2020 年初疫情工作轮岗期间，由于债市下行幅度较大，导致衍生品价格剧烈波动，让笔者有了很深入的思考。笔者认为债券投资交易工作并不只是简单地追求资本利得与票息收入，而是应该在微观层面全面了解各类资产的特征，通晓其运作原理，多沉淀多积累，理论与实践相结合才能令工作更加得心应手。在本章中，笔者采用当时的市场价对国债期货、期权以及利率互换三种衍生品工具的特征和估值方法进行了实景分析。

13.1　品种 1——国债期货

国债期货是指买方/卖方与交易所之间的协议，买方/卖方同意以约定价格在约定的时间买入/卖出标的债券。合约的结算月份一般为 3 月、6 月、9 月、12 月；交易单位为手，每手价值 100 万，且保证金比例为 2%～

3%,当价格向不利方向变动时,投资者需要追加变动保证金。

国债期货两大主要特征为"转换因子"与"最便宜可交割券"。

"转换因子":为了最大限度防止逼空情况的出现,根据合约要素,交易所设置交割券为一揽子债券,期货空头有选择交割券的权利。缘于"一揽子交割制度"所有标的券均可用于交割,且券种之间收益率、票面利率、剩余期限等要素可能都不尽相同,交易所在期初设置"转换因子",将不同券以转换因子为系数,按比例转换成标准券。转换因子的计算逻辑是,以交割日与交割券剩余期限间的时间段为贴现区间,以标准券票面利率3%为贴现率,对交割券进行贴现,得出的贴现值除以100即为转换因子。交割券票面利率大于3%,则转换因子大于1;交割券票面利率小于3%,则转换因子小于1。例如,距离期货交割日剩余期限为7年的附息国债,票面利率是3.5%,则它的转换因子=[3.5/(1+3%)+3.5/(1+3%)^2+…3.5/(1+3%)^7]/100=1.031 9。计算转换因子时的关键要素为贴现率3%、票面利率以及剩余期限。

"最便宜可交割券":当投资者将所有的现券交割时,收回资金为"票息+交割价",同时投资成本为"期初购买价格+借贷利息",净收益为上面二者差额,因此隐含回购利率=净收益/投资成本。即在一揽子交割券中,空头会选择"隐含回购利率"最高的那只券来交割,此券称为"最便宜可交割券"。例如,国债期货T2003价格为98元,期货剩余交割天数80天,10年期国债190006买入全价为101.7元,用于购买债券的资金成本是0.59元(年化利率2.6%,占款80天),票息3.29%,中期获得票息收入3.29元,中期收息日至交割日天数40天,交割日收到利息0.37元,转换价格99.96=(1.02×98),中期收息再投资收益0.01=(3.29×2.6%×40/360)。因此:

投资成本为101.7+0.59=102.29(元)

净收益为99.96+3.29+0.01+0.3-102.29=1.27(元)

隐含回购利率＝净收益/投资成本＝1.27/102.29×360/80＝5.59%

国债期货的估值：

在对期货估值之前，我们先用 10 年期国债 190006 举例说明期货的估值方法。已知 190006 票面利率为 3.29%，面值为 100 元，假定债券现价为 101 元，期货价格假定为 103 元，下次付息日在期货交割日后 6 个月，并且该债可以用于期货空头交割，且 3 个月期限逆回购价格为 3.0%。

表 13－1　　　　　　　　　　国债期货的套利策略

套利策略	期末现金流
● 卖出 105 元，做空 105 元期货合约	● 卖出 190006，获得 103.82 元（0.82 元票息与 103 元交割价）
● 以 0.3% 逆回购利率借入 100 元，并购买 190006	● 还本付息 100.75 元（0.75 元逆回购利息与 100 元借贷本金）
→等待 3 个月后交割	→净收益＝103.82－100.75＝3.07（元）

数据来源：Wind。

在满足上述要素的情况下，以 3.0% 逆回购成本借入资金 100 元买入现券并持有 3 个月，借贷利息为 0.75 元，到期以合约价格 103 元交割现券，获得票息与交割价的现金流入为 103.82 元；获得现金流入与现金流出的差额 3.07 元便是此套利策略的净收益。借入资金买现券的同时卖出期货的策略称为正向套利策略。若期货价格从 103 元降至 98 元，其余要素保持不变。

表 13－2　　　　　　　　　　国债期货的套利策略

套利策略	期末现金流
● 买入 98 元的期货合约	● 以 98.82 元买入 190006（98 元交割价加 0.82 元票息）
● 以 100 元卖出 190006，并将卖券资金以 3% 利率贷出	● 收回借贷本息 100.75 元（0.75 元逆回购利息与 100 元借贷本金）
→等待 3 个月后交割	→净收益＝100.75－98.82＝1.93（元）

数据来源：Wind。

在满足上述要素的情况下，买入期货合约，以 100 元价格卖出现券并将卖券资金以 3% 利率贷出，到期收回借贷本息 100.75 元并以合约价格 98.82 元买入现券；获得现金流入与现金流出的差额 1.93 元便是此套利策略的净收益。卖出现券并贷出资金的同时买入期货的策略称为反向套利策略。试想一下，是否可以得出一个期货合约价格，使得两种交易策略收益都是零？假设期货价格为 99.93 元，其他要素不变。

正向套利策略中：

交割 190006 的现金流入为 100.75（元）＝99.93＋0.82（元）

还款付息的现金流出为 100.75（元）＝100＋0.75（元）

反向套利策略中：

还款付息的现金流入为 100.75（元）＝100＋0.75（元）

购买 190006 的现金流出为 100.75（元）＝99.93＋0.82（元）

当期货合约价格为 99.93 元时，无论哪种策略净收益均为零，因此称 99.93 元为无套利价格或理论价格。

从上述实例中，我们可以发现，期货理论价格 F 与以下因素有关：

① 现券的市场价格 P；

② 逆回购的利率 R；

③ 现券的票面收益率 C（票面利息除以现券市场价）；

④ 期货到期日以及现券持有时间 T（年化）。

由此据模型推算出的无套利价格/理论价格公式为：

$$F = P + [(P \times R - P \times C)] \times T = P + P \times (R - C) \times T$$

由公式可看出期货无套利价格相对于现货价格折价或溢价的情形取决于 $(R-C)$ 的值。$(R-C)$ 也可称为超额收益。当超额收益为正 $R>C$，借贷成本高，投资者更偏好反向套利策略，因此要提高期货价格来消除套利。当超额收益为负 $R<C$，借贷成本低，投资者更偏好正向套利策略，因此要降低期货价格来消除套利。

在对期货的估值过程中,也面临两个主要问题。一是现券如果在交割前产生中期利息收入,可能会影响票面收益率 C 的计算,从而影响到期货估值。二是期货空头有选择 CTD 的权力,由于 CTD 可能会随着时间的推移而不断调整,改变后的 CTD 很可能会影响到期货的估值,多头赋予空头"择物期权";因此应该在公式中做如下调整:

$$F = P + P \times (R - C) \times T - 择物期权$$

总结以上研究内容,可以得出以下结论:

①当无套利期货价格高于实际期货价格时,采取反向套利策略可以获得套利收益;

②当无套利期货价格低于实际期货价格时,采取正向套利策略可以获得套利收益。

13.2　品种 2——期权

期权是立权人授予持权人的一种权利:在指定的时间区间,以指定价格从立权人处购买或卖出给立权人某标的资产的权利。立权人(期权卖方)承担履约义务,持权人(期权买方)有行权的权利而非义务。根据交易方向期权可分为看涨期权与看跌期权;根据交割时间期权可分为美式期权(在到期日之前均可行权)与欧式期权(只能在到期日当天行权)。期权的特征主要可以从两方面来分析:一是期权的价值与收益性波动原理;二是期权与期货的区别。我们以表格来解释期权的价值与收益性是如何变化的。

表 13—3　　　　　　　　　期权及其特征

价值/收益性	现货净价		市价	
	上涨	下跌	大于执行价	小于执行价
多头看涨期权	上升	下降	盈利无限大	支付期权价

续表

价值/收益性	现货净价		市价	
	上涨	下跌	大于执行价	小于执行价
空头看涨期权	下降	上升	亏损无限大	获得期权价
多头看跌期权	下降	上升	支付期权价	盈利无限大
空头看跌期权	上升	下降	获得期权价	亏损无限大

由于看涨期权持权人享有行权的权利,因此当市场价逐渐高于执行价时,持权人行权后的盈利可以无限大;若市价向相反方向变动,持权人可以选择不行权,只是损失了期权价。相反,看涨期权的立权人必须履行执行的义务,当市场价逐渐高于执行价时,立权人损失无限大,若市价向相反方向变动,持权人不行权,立权人的获益仅仅是期权价格。看跌期权的收益逻辑与上述相同。

当标的合约现券净价上升时,看涨期权的内在价值(现券净价－执行价格)也随之上升;当标的合约现券净价不断下降时,期权的内在价值趋于零。看跌期权的价值波动逻辑与上述相同。期权与期货可简明区分(见表13-4)。

表13-4　　　　　　　　期货与期权的区别

特征/品种	期权	期货
交易场地	场内与场外	场内
保证金制度	在价格出现大幅不利波动时,授权人需要缴纳保证金	双方都需要按比例缴纳保证金
损益程度	授权人最大盈利是期权价,但亏损无限;持权人最大损失是期权价,但盈利无限	双方损益程度由行情决定
履约责任	持权人只有行权的权力,但授权人有履约的义务	双方均有履约的义务

期权可以在场内或是场外进行交易,具有较强的流动性。期货合约双方需要按时履约,并且损益情况完全由市场决定,但期权的买方有权选

择不履约时损失的仅是期权价。相比于期货的保证金制度,期权的持有成本更低,持权人无须缴纳保证金,大大减少了交易成本。

期权的估值:

对期权价格进行分解后可以发现,期权的价格反映在"内蕴价值"与"时间价值"。

①"内蕴价值",取决于标的物的市场价格与执行价格的差额,若差额大于零,则期权的内蕴价值为正值;反之,内蕴价值为零或负值。

例如,看跌期权的执行价为100元,标的券市场价为97元,看跌期权的买方行使权力以100元价格卖出券,并再以市场价买回,净收益3元即为期权的"内蕴价值"。当标的物市场价不断上涨/下跌,期权的价格也呈现高度正相关性上涨/下跌时,称此期权为"深度实值期权";若标的物市场价大幅下降/上涨到执行价格之下/上,此期权价值恒定为零时,称为"深度虚值期权"。

②"时间价值",是指在期权到期日前买方超出内蕴价值溢价购买期权的那一部分。期权买方认为标的物市场价的波动率将增大,持有期权能获得更多的潜在价值,买方有更强烈的意愿超出内蕴价值溢价购买期权。例如,标的物市场价为102元,执行价为100元,但期权价格为3元,因此1元(期权价－2元)即为买方愿意支付的溢价部分,称为时间价值。因此:

$$看涨期权＝标的物市场价－行权价格$$

$$看跌期权＝行权价格－标的物市场价$$

对期权进行估值之前,要先明确影响期权价格变化的因素有哪些。

①短期资金利率。用于购买标的债券的资金利率越高,为了降低成本,投资者越倾向于在看涨期权的到期日买入债券,因此看涨期权的价格增加;当市场资金利率越高时,投资者越倾向于提前卖出债券收回本息从而在资金市场获益,因此看跌期权的价格下降。

②标的物的市场价。对于看跌期权,当标的物价格不断下降时,期权的价格会增加,因为其内蕴价值在增加;同理对于看涨期权,当标的物价格不断上涨时,期权的价格会增加。

③标的物价格波动程度。当标的物价格在期权到期前波动幅度越大时,那么投资者购买期权进行套利/套保的意愿越强烈,由于这种供需关系,期权价格将被逐渐抬升。

④标的物的利息支付。在期权到期前,票息收入会影响期权价格。标的物票面利率越高,现金流入就越多,相比于购买看涨期权投资者更倾向于持有债券,看涨期权价格因此下降;相反,票面利率越低,相比于购买看跌期权投资者更倾向于提前卖出债券,看跌期权价格因此下降。

⑤期权执行价。保持其他要素不变:由公式"看涨期权=标的物市场价-行权价格",当行权价格越低时,看涨期权价格越高;公式"看跌期权=行权价格-标的物市场价",当行权价格越高时,看跌期权价格越高。

⑥期权到期时间。由于期权的有效期在到期日之前,因此距离到期日越远,留给标的物价格波动的机会就越大,期权的内蕴价值与时间价值就越高;距离到期日越近,留给标的物价格波动的机会就越小,期权的内蕴价值就越小,同时时间价值趋近于零。

期权的"久期"与凸性:

我们用久期来衡量债券价格变动对收益率波动的敏感程度;并且为了消除久期随收益率变动而变动的特性,用凸性来衡量久期变动对收益率波动的敏感程度。

$$期权的"久期"D' = 期权价格变化程度/标的物价格变化程度$$

我们知道当标的物价格越高时,看涨期权价格就可能越高。假设看涨期权的久期为 0.5,那么标的债券价格上涨 1 元,看涨期权价格上涨 0.5 元,因此看涨期权波动与标的物价格波动正相关。

标的物价格越低,看跌期权价格可能越高。假设看跌期权的久期为-0.5元,那么标的券价格下降1元,看跌期权价格上涨-0.5,因此看跌期权波动与标的物价格波动反相关。

$$期权的凸性 C'=D'变化程度/标的物价格变化程度$$

由现券的久期公式可以发现当收益率不断变化时,久期也会跟随变化。因此用久期计算收益率变动后价格的变化程度就会产生误差,故加入凸性来对此进行修正,凸性 $C=$ 久期变动程度/收益率变动程度。同理期权的凸性 $C'=D'$ 变化程度/标的物价格变化程度。

对期权进行估值的方式有数种,我们在此阐述一下市场上主流的"二项式估值法"。在介绍"二项式估值法"之前,我们有必要先解释一下债券的"展期""远期"以及债券的"二项式估值模型"。

首先,我们用展期来解释每个时间区间的到期收益率是怎样计算的。

表 13-5　　　　　　　　　　到期收益率的计算

期间	期限(年)	净价(元)	票面利率(%)	到期收益率(%)
1	0.5	100	2.36	2.360 0
2	1.0	100	2.46	2.460 0
3	1.5	100	2.50	2.505 2
4	2.0	100	2.52	2.532 1
5	2.5	100	2.60	2.632 2
6	3.0	100	2.69	2.731 0
7	3.5	100	2.75	2.799 0
8	4.0	100	2.81	2.862 0
9	4.5	100	2.87	2.935 0
10	5.0	100	2.94	3.012 4

数据来源:Wind。

我们以2019年9月至11月区间的6个月贴现国债199943、5年附息国债190013等期限的债券来阐述如何用展期求到期收益率。根据债券的定价公式,期限较长的附息国债每一期现金流可以等同于一连串贴现债券的组合，因此长期限附息债的价值等于一连串贴现债的价值。已知6个月贴现债199943票面利率为2.36%，1年期票面利率为2.46%，试算出1.5年期限附息债的到期收益率y_3。由于1年内期限为贴现形式，所以其到期收益率等于票面利率，要计算1.5年期的无套利到期收益率，需要让债券现值等于新发行1.5年期国债净价100元，才能得到相应的无套利收益率。

0.5年票面利率为2.36%/2；

1年票面利率为2.46%/2；

3年票面利率为2.50%/2。

因此：

$P = 100 = 1.25/(1+1.18\%) + 1.25/(1+1.23\%)^2 + 1.25/(1+y_3)^3$

求得$y_3 = 1.2526\%$，1.5年期国债收益率等于2.5052%（y_3的两倍）

同理计算y_4的值。

0.5年票面利率为2.36%/2；

1年票面利率为2.46%/2；

3年票面利率为2.50%/2；

4年票面利率为2.52%/2。

因此：

$$P = 100 = 1.26/(1+1.18\%) + 1.26/(1+1.23\%)^2 \\ + 1.26/(1+1.2526\%)^3 + 1.26/(1+y_4)^4$$

求得$y_4 = 1.2660\%$，1.5年期国债收益率等于2.5321%（y_4的两倍）。

依次延展可以求得更长期限的到期收益率。以上计算到期收益率的方法叫做展期。

其次，当我们计算得出到期收益率后，可以继续用展期的方法来求得半年期的远期利率。

表 13-6　　　　　　　　　　　计算远期利率

期间	期限(年)	净价(元)	票面利率(%)	远期利率(%)
f(0)	0.5	100	2.36	2.360 0
f(1)	1.0	100	2.46	2.772 1
f(2)	1.5	100	2.50	2.924 4
f(3)	2.0	100	2.52	3.024 3
f(4)	2.5	100	2.60	3.166 2
f(5)	3.0	100	2.69	3.343 0
f(6)	3.5	100	2.75	3.521 0
f(7)	4.0	100	2.81	3.692 2
f(8)	4.5	100	2.87	3.807 2
f(9)	5.0	100	2.94	4.024 4

数据来源：Wind。

以上面的数据为例，计算0.5年后半年期的远期利率f(1)。

假定投资者的期限为1年，1年的到期收益率为2.46%，半年为2.36%，投资本金为M，试求总收益。有两种投资方案：第一种是先投资半年期国债，到期后继续投资半年期；第二种是直接投资1年期国债。

令两种投资方案总收益相同，则有：

$$M \times (1+y_1)(1+f(1)/2) = M \times (1+y_2)^2$$

求得 $f(1) = (1+y_2)^2/(1+y_1) - 1 = 2.772\ 1\%$

同理，计算1年后的半年期远期利率f(2)。

$$M \times (1+y_1)(1+f(1)/2)(1+f(2)/2) = M \times (1+y_3)^3$$

求得 $f(2) = (1+y_3)^3/(1+y_2)^2 - 1 = 2.924\ 4\%$

由f(1)与f(2)的等式可以推出远期与到期收益率的关系，即：

$$f(n) = (1+y_n+1)/(1+y_n) - 1$$

依次用展期的方法可以求得更多期限的远期利率。

最后，运用二项式模型可以对债券进行估值，从而得出无套利价值。

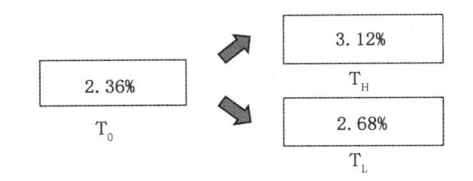

```
                    ┌─────────┐
                 ↗  │  3.12%  │
                    │   T_H   │
    ┌─────────┐     └─────────┘
    │  2.36%  │
    │   T_0   │     ┌─────────┐
    └─────────┘  ↘  │  2.68%  │
                    │   T_L   │
                    └─────────┘
```

数据来源：Wind。

图13－1 二项式模型对债券进行估值

在我们的二项式模型中，T_0为现在时刻也称为第一节点，每个时间区间为0.5年。假定0.5年的市场波动可以使利率出现2个值，如图13－1所示，T_H为较高的利率，T_L为较低的利率，并且2个值出现的概率均为50%。按照这样的规律继续延展，即可生成二项式树状图。

逆向归纳法是指利用最后一期的现值，以前一期的远期利率为贴现率，反方向推出前一期的现值，依次类推，直至最后推出最终的现值。如图13－2所示，T_0处利率为R_0，可以生成R_1与R_2，对应的价格分别为Y与Z，本期现金流为C。由于R_1与R_2是等概率生成的（各50%），由逆向归纳法可以求出：

$$X=[(Y+C)/(1+R_0)+(Z+C)/(1+R_0)]/2$$

因此每个时间节点处的价值计算公式为：

贴现值＝(高利率产生的现金流现值＋低利率产生的现金流现值)/2

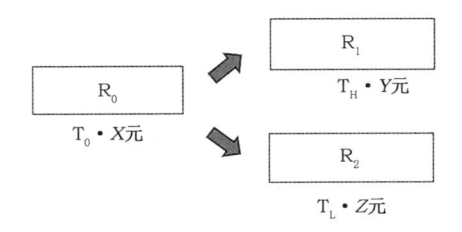

```
                        ┌─────────┐
                     ↗  │   R_1   │
                        └─────────┘
     ┌─────────┐         T_H · Y元
     │   R_0   │
     └─────────┘        ┌─────────┐
      T_0 · X元      ↘  │   R_2   │
                        └─────────┘
                         T_L · Z元
```

数据来源：Wind。

图13－2 二项式树状图

构造一个二项式利率模型的目的是，根据已知的利率对债券进行贴现，从而得出估值。二项式估值法与之前期货理论价格估值具有相同的特征——"无套利价格"，即对标的新发行债券进行估值时，得到的价格应该是消除套利空间后的理论价格。实质上，二项式树状图的生长方式与展期计算到期收益率是相同的。如图13－3所示，基于以下给定要素，即可求出0.5年期的远期利率：①T_0处的利率；②新发行的1年期债券票面利率；③已知的利率波动率。

同理，计算1年期的远期利率：①T_0处的利率；②新发行的1.5年期债券票面利率；③已知的利率波动率；④0.5年期的两个远期利率。

由于第n个半年期有$n+1$个远期利率，由上述要素只能推出其中的较低利率，因此在每一次展期时，通过利率波动的计算，可以算出另外一个较高利率；用展期计算出的远期利率对下一期新发行标的债券进行估值，若估值不等于市场价，则远期利率需要被不断修正，直至估值等于市场价。

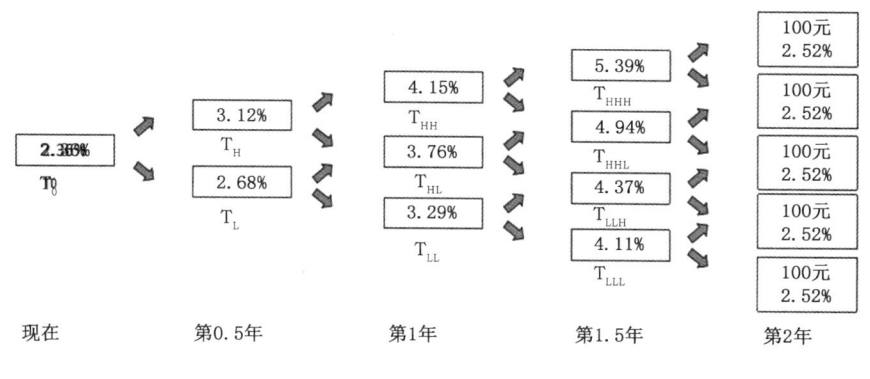

现在	第0.5年	第1年	第1.5年	第2年
2.36% T_0	3.12% T_H 2.68% T_L	4.15% T_{HH} 3.76% T_{HL} 3.29% T_{LL}	5.39% T_{HHH} 4.94% T_{HHL} 4.37% T_{LLH} 4.11% T_{LLL}	100元 2.52% 100元 2.52% 100元 2.52% 100元 2.52% 100元 2.52%

数据来源：Wind。

图13－3 构造二项式利率模型

如图13－4所示，其展示了用逆向归纳法对新发行2年期、票面利率为2.52%的国债估值的全过程，每个时间节点的价值均由后一期现金流用本期远期利率贴现而得，依次逆向贴现，最终得到新发行2年期国债的无套利价格。

```
                                                    97.24          100元
                                                    5.39%          2.52%
                                                    T_HHH
                                  97.93                             100元
                                  4.15%            97.45            2.52%
                  98.33           T_HH             4.94%
                  3.12%                            T_HHL            100元
                  T_H             98.02                             2.52%
  99.22                           3.76%            97.82
  2.36%                           T_HL             4.37%            100元
  T_0             98.76                            T_LLH            2.52%
                  2.68%           98.21
                  T_L             3.29%            97.95            100元
                                  T_LL             4.11%            2.52%
                                                   T_LLL

  现在           第0.5年         第1年          第1.5年           第2年
```

数据来源：Wind。

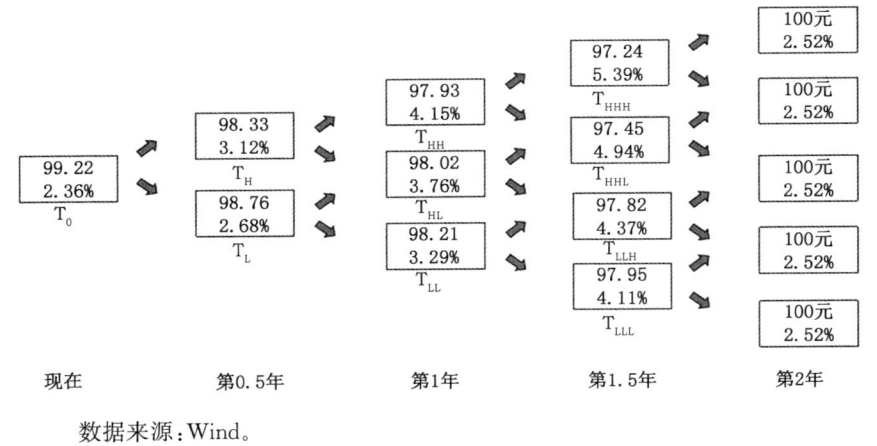

图 13—4 逆向归纳法

回到期权的二项式估值法。我们给定如下要素，标的券要素如上述不变，假设现在持有 1 年期欧式看涨期权，行权价格为 98 元，当前标的券价格为 99.22 元时，构建如图 13—5 利率树：

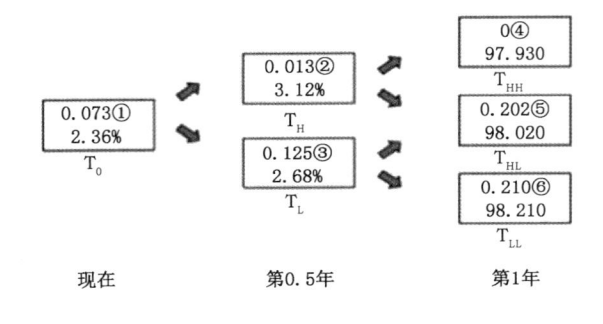

```
                                                   0 ④
                                                   97.930
                                                   T_HH
                                 0.013 ②
                                 3.12%
                                 T_H               0.202 ⑤
                 0.073 ①                           98.020
                 2.36%                             T_HL
                 T_0             0.125 ③
                                 2.68%
                                 T_L               0.210 ⑥
                                                   98.210
                                                   T_LL

  现在           第0.5年                           第1年
```

数据来源：Wind。

图 13—5 构建利率树

④：行权价格为 98 元时，期权的价格为 0 元；⑤：行权价格为 98 元时，期权的价格为 0.020 元（市场价 98.020 元减行权价 98 元）；⑥：行权价格为 98 元时，期权的价格为 0.210 元（市场价 98.210 元减行权价 98

元);②:将④与⑤以3.12%的利率进行贴现求出期权价在第0.5年时的远期价格0.013元;③:将⑤与⑥以2.68%的利率进行贴现求出期权价在第0.5年时的远期价格0.125元;①:将②与③以2.36%的利率进行贴现求出期权价现值0.073元。

保持标的券要素不变,假设现在持有1年期欧式看跌期权,行权价格为98元,当前标的券价格为99.22元,构建如图13-6利率树:

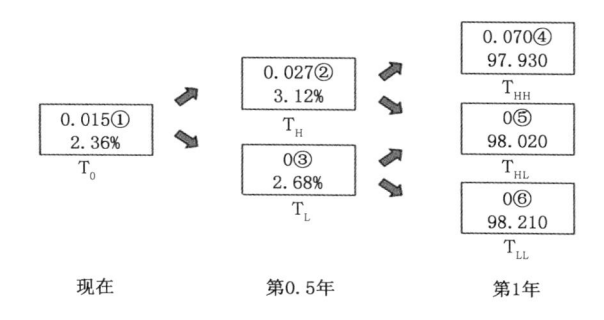

```
                                        0.070④
                                        97.930
                        0.027②           T_HH
                        3.12%
                         T_H            0⑤
        0.015①                          98.020
        2.36%                           T_HL
         T_0             0③
                        2.68%           0⑥
                         T_L            98.210
                                        T_LL

        现在            第0.5年          第1年
```

数据来源:Wind。

图13-6 逆向归纳法推算期权的现值

④:行权价格为98元时,期权的价格为0.070元(行权价98元减去市场价97.93元);⑤:行权价格为98元时,期权的价格为0元;⑥:行权价格为98元时,期权的价格为0元;②:将④与⑤以3.12%的利率进行贴现求出期权价在第0.5年时的远期价格0.027元;③:将⑤与⑥以2.68%的利率进行贴现求出期权价在第0.5年时的远期价格0元;①:将②与③以2.36%的利率进行贴现求出期权价现值0.015元。

由于每个时间节点右侧等概率延展出2个数值,利用逆向归纳法将到期日的期权的价格,以前一期的远期利率为贴现率,反方向推出前一期的期权的现值,依次类推,直至最后推出期权现在的估值。最终推出的估值也称为无套利价值,若期权的市场价与无套利价值不等,投资者则可进行利差交易,从而赚取无风险收益。

13.3 品种3——利率互换

利率互换是指对具有相同期限、相同名义本金、相同币种的两笔资金，做出固定利率与浮动利率的互换。在整个互换的过程中，交易双方方向相反，即甲方向乙方支付固定利率的同时，从乙方收取浮动利率；乙方则是向甲方支付浮动利率来换取固定利率。在利率互换中，收取（购买）浮动利率的一方倾向于从利率上涨的过程中获益，称为互换的多头；支付（卖出）浮动利率的一方倾向于从利率下降的过程中获益，称为互换的空头。

在现实中，利率互换不仅能够使投资者在固定利率与浮动利率的利差中获益，还常用于与现券进行套期保值操作，即做空现券的同时采取做多互换的策略；在做多现券的同时采取做空互换的策略。我们主要从互换的头寸结构来解释互换是如何进行的。假设构成利率互换的头寸由以下两种模式之一决定：一是一揽子现券投资组合；二是一揽子远期利率合约。

13.3.1 用一揽子现券投资组合来阐述利率互换的过程

假设2020年1月1日，3年期的固定利率国债，票面利率为3%，票面总额1亿；每3个月付息一次；3年期的浮动利率国债，票面利率以3个月的shibor为基准，每3个月付息一次。

在利率互换的整个过程中，投资者持有固定利率债券，发行浮动利率债券：

在2020年1月1日至2023年1月1日，每三个月收到1次固定利率；

在2020年1月1日至2023年1月1日，每三个月支付1次浮动利率。

整个互换区间的现金流如表13-7所示。

表13-7　　　　　　　　　　　互换区间的现金流

互换区间	现金流状况(万元)		净现金流(万元)
	持有固定利率债券	发行浮动利率债券	
2020.01.01—2020.03.31	10 000×3%/4	−10 000×shibor(1)/4	10 000×[(3%−×shibor(1))]
2020.04.01—2020.06.31	10 000×3%/4	−10 000×shibor(2)/4	10 000×[(3%−×shibor(2))]
2020.07.01—2020.09.31	10 000×3%/4	−10 000×shibor(3)/4	10 000×[(3%−×shibor(3))]
2020.10.01—2020.12.31	10 000×3%/4	−10 000×shibor(4)/4	10 000×[(3%−×shibor(4))]
—	—	—	—
—	—	—	—
2022.10.01—2022.12.31	10 000×3%/4	−10 000×shibor(12)/4	10 000×[(3%−×shibor(12))]

数据来源：Wind。

根据我们的假设"投资者持有固定利率债券，发行浮动利率债券"，每一期的现金流入即为持有固定利率债券的票息，每一期的现金流出是发行浮动利率债券支付的票息，净现金流是两者的和。所以，在票面利率固定不变的情况下，净现金流的变动取决于浮动利率shibor的波动。

13.3.2　用一揽子远期利率合约来阐述利率互换的过程

若投资者以3.02%的价格购买了交易日为2019年12月2日，结算日为2019年12月31日的3个月shibor的互换合约，则此合约锁定了自2020年1月1日起以3个月shibor为基准的浮动利率。假设到结算日2019年12月31日，3个月shibor市场价为K，因此2020年1月1日起以3个月shibor为基准的浮动利率为K。

投资者在交易日以 3.02% 价格购买浮动利率,结算日浮动利率价格变化至 K;

如果在结算日 3 个月 shibor 价格 K 跌至 2.99%,进行反向平盘交易后投资者亏损 0.03%;

如果在结算日 3 个月 shibor 价格 K 涨至 3.05%,平盘后投资者则盈利 0.03%。

因此,投资者实际上购买了一份在 2020 年 1 月 1 日起的 3 个月的利率互换远期合约,若在结算日当天浮动利率市场价格高于合约价格,投资者获得利差收益;若结算日当天浮动利率市场价格低于合约价格,投资者将损失利差。

利率互换的估值:

在整个利率互换过程中,投资者确定名义本金的金额,并根据浮动利率与固定利率进行利息的互相交换,互换的估值其实即是对互相交换的利息进行贴现估值。利率互换估值分为三步:第一步,先确定浮动利率支付额,并计算其现值;第二步根据已确定现值推导出互换利率;第三步对互换进行利差测算。

第一步,先确定固定利率支付额以及浮动利率支付额,并分别计算其现值。浮动利率的确定是在互换期的第一天按照基准利率来确定,并在互换期最后一天进行利息的交付;每一个互换期进行一次利息交付,直至合约期限结束为止。我们试按照以下假定要素,进行浮动利率支付的计算:利率互换合约确息日为 2019 年 12 月 31 日,起息日为 2020 年 1 月 1 日;付息周期为按季付息;互换的名义本金为 1 亿元人民币;互换的总期限为 2 年;基准利率为 3 个月期(3m)shibor。

第一个互换区间为 2020 年 1 月 1 日—2020 年 3 月 31 日,且已知 2019 年 12 月 31 日的 3 个月期 shibor 价格为 3.02%,故第一个互换区间的浮动利率设定为 3.02%,且在 3 月 31 日进行利息支付。

因此：

区间 1 浮动利率支付＝名义金额×浮动利率×实际天数

＝1 亿元×3.02%×91/360＝763 389(元)

通过既定的浮动利率计算出了第一个区间的利息支付，但问题是我们无法明确剩余 11 个区间的浮动利率价格。在进行估值前，我们先分析美国投资者是如何用"美元存单期货"对剩余区间的浮动利率进行套保的。

"美元存单期货"在美国是较为成熟的衍生品工具，在此简明阐述美元存单期货是如何用作锁定 3m libor 利率的。美元存单期货一手面值 100 万美元，且价格 $P＝100－(3m\ libor\times100)$，同理 3m libor 期货利率价格 $r＝(100－p)/100$。如果结算日 T（T 又称为确息日）为 2019 年 12 月 31 日，期货买方在确息日前任意交易日购买存单期货，均意味着愿意按照相应的 3m libor 期货利率价格在 $T＋1$ 日（起息日 2020 年 1 月 2 日）借入资金，且借款期限为 3 个月。因此，投资者在结算日（确息日）前任意交易日买入美元存单期货，均可锁定以起息日所在 3 个月区间的 3m libor 利率。如果在 2019 年 12 月 3 日购买 2019 年 12 月 31 日结算的期货，价格为 3.02%，则锁定了以 2020 年 1 月 2 日为起息日的 3 个月区间 3m libor 价格；在 2019 年 12 月 3 日购买 2020 年 6 月 30 日结算的期货，价格为 3.24%，则锁定了以 2020 年 7 月 1 日为起息日的 3 个月区间 3m libor 价格。投资者购买期货的目的是锁定未来某一区间的 3m libor 利率，购买的 3m libor 利率期货可以看作是有效远期合约。"美元存单期货"在欧美市场被广泛投资，虽然我国没有相应的衍生品模式，但我们可以效仿"美元存单期货"对 3m libor 套期保值的方法，假定存在人民币存单期货从而确定剩余区间 3m shibor 支付额。

如表 13－8 所示，保持假定要素不变，在 8 个时间区间里，人民币存单期货所对应的 3m shibor 期货利率可以理解为 3m shibor 的远期利率，

并以此远期利率作为所在区间的浮动利率基准。按照区间实际天数,即可计算出区间浮动利率支付现金流:

浮动利率支付额＝名义本金×3m shibor 远期利率×实际天数/360

表 13－8　　　　　　　　　　计算浮动利率支付额

区间	3m 人民币存单期货价格	3m shibor 远期利率(%)	实际天数	区间浮动利率支付现金流(元)
2020.01.01—2020.03.31	96.98	3.02	91	763 389
2020.04.01—2020.06.30	96.91	3.09	91	781 083
2020.07.01—2020.09.30	96.80	3.20	92	817 778
2020.10.01—2020.12.31	96.78	3.22	92	822 889
2021.01.01—2021.03.31	96.69	3.31	90	827 500
2021.04.01—2021.06.30	96.56	3.44	91	869 556
2021.07.01—2021.09.30	96.43	3.57	92	912 333
2021.10.01—2021.12.31	96.29	3.71	92	948 111

数据来源:Wind。

接下来计算浮动利率现金流的现值。在前面章节我们介绍过远期利率与到期收益率的关系,以及如用用远期利率对现金流进行贴现,在此我们需要引入公式进行计算。

表 13－9　　　　　　　　　　引入远期贴现因子

区间	3m shibor 远期利率(%)	实际天数	远期贴现因子
2020.01.01—2020.03.31	3.02	91	0.992 4
2020.04.01—2020.06.30	3.09	91	0.984 4
2020.07.01—2020.09.30	3.20	92	0.975 2

续表

区间	3m shibor 远期利率(%)	实际天数	远期贴现因子
2020.10.01—2020.12.31	3.22	92	0.966 9
2021.01.01—2021.03.31	3.31	90	0.957 3
2021.04.01—2021.06.30	3.44	91	0.948 6
2021.07.01—2021.09.30	3.57	92	0.938 3
2021.10.01—2021.12.31	3.71	92	0.928 8

数据来源：Wind。

由于贴现值＝现金流×贴现因子，故需要计算每一区间浮动利率支付额的远期贴现因子。

第 t 期的远期贴现因子＝1/[(1＋第 1 期远期利率)×…

×(1＋第 t 期远期利率)]

区间 1 的远期贴现因子＝1/[(1＋0.007 6)]

＝0.992 4

区间 2 的远期贴现因子＝1/[(1＋0.007 6)×(1＋0.007 8)]

＝0.984 4

……

区间 8 的远期贴现因子＝1/[(1＋0.007 6)×(1＋0.007 8)×…]

＝0.928 8

由公式：远期现值＝远期现金流×远期贴现因子，可以计算出每一区间浮动利率支付现值，并算出互换期限内浮动利率支付的总现值等于 6 473 469 元。

表 13－10　　　　　　浮动利率支付现值的计算

区间	区间浮动利率支付额(元)	远期贴现因子	区间浮动利率支付现值(元)
2020.01.01—2020.03.31	763 389	0.992 4	757 605
2020.04.01—2020.06.30	781 083	0.984 4	768 917

续表

区间	区间浮动利率支付额（元）	远期贴现因子	区间浮动利率支付现值（元）
2020.07.01—2020.09.30	817 778	0.975 2	797 516
2020.10.01—2020.12.31	822 889	0.966 9	795 671
2021.01.01—2021.03.31	827 500	0.957 3	792 186
2021.04.01—2021.06.30	869 556	0.948 6	824 881
2021.07.01—2021.09.30	912 333	0.938 3	856 064
2021.10.01—2021.12.31	948 111	0.928 8	880 628
		求和：	6 473 469

数据来源：Wind。

第二步，根据已确定现值推导出互换利率。在利率互换合约确立时，双方按照规定对现金流现值进行互相交换。遵循现值支付的等价性是利率互换的基本原则，这表明双方收到对方的现值付款都至少不低于本方的现值支付，相当于：

$$浮动利率现值付款 = 固定利率现值付款$$

由于

$$t\text{ 期固定利率现值} = 名义本金 \times 互换利率 \\ \times 实际天数/360 \times t\text{ 期远期贴现因子}$$

所以得出：

$$全部区间固定利率支付现值 = \sum 名义本金 \times 互换利率 \\ \times 实际天数/360 \times t\text{ 期远期贴现因子}$$

令 t 期远期贴现因子为 FFt，互换利率为 SR，

由

$$浮动利率现值付款 = 固定利率现值付款$$

则有：

$$\sum 名义本金 \times 实际天数/360 \times FFt \times SR = 浮动利率现值$$

$$SR = 浮动利率现值/(\sum 名义本金 \times 实际天数/360 \times FF_t)$$

浮动利率现值已知为 6 473 469 元，由表 13－11 可计算得出 "$\sum$ 名义本金×实际天数/360×FF_t" 等于 195 231 196 元，故本例中互换利率 SR＝6 473 469/195 231 196＝3.32%。

表 13－11　　　　　　　　　　互换利率的计算

区间	实际天数	实际天数/360	远期贴现因子	名义本金×远期贴现因子×实际天数/360
2020.01.01—2020.03.31	91	0.252 8	0.992 4	25 086 272
2020.04.01—2020.06.30	91	0.252 8	0.984 4	24 884 050
2020.07.01—2020.09.30	92	0.255 6	0.975 2	24 922 390
2020.10.01—2020.12.31	92	0.255 6	0.966 9	24 710 279
2021.01.01—2021.03.31	90	0.250 0	0.957 3	23 933 099
2021.04.01—2021.06.30	91	0.252 8	0.948 6	23 979 105
2021.07.01—2021.09.30	92	0.255 6	0.938 3	23 979 390
2021.10.01—2021.12.31	92	0.255 6	0.928 8	23 736 612
			求和：	195 231 196

数据来源：Wind。

第三步，对互换进行利差测算。一份利率互换合约的价值是利差收益，即浮动利率支付现值与固定利率支付现值的差额，因为在互换期限内固定利率是恒定不变的，所以影响利差收益的关键因素为浮动利率的波动。

保持之前的要素不变，假定从 2019 年 10 月 1 日开始，人民币存单期货价格下降，对应地，3m shibor 远期价格有所上涨，具体变化如表 13－12 所示。

表 13—12　　　　　　　　远期利率上涨后的连锁反应

区间	3m 人民币存单期货价格	3m shibor 远期利率(%)	实际天数	区间浮动利率支付额(元)	远期贴现因子
2020.01.01—2020.03.31	96.98	3.02	91	763 389	0.813 0
2020.04.01—2020.06.30	96.91	3.09	91	781 083	0.805 0
2020.07.01—2020.09.30	96.80	3.20	92	817 778	0.795 8
2020.10.01—2020.12.31	96.65	3.35	92	856 111	0.775 4
2021.01.01—2021.03.31	96.53	3.47	90	867 500	0.764 9
2021.04.01—2021.06.30	96.40	3.60	91	910 000	0.756 5
2021.07.01—2021.09.30	96.29	3.71	92	948 111	0.745 6
2021.10.01—2021.12.31	96.16	3.84	92	981 333	0.736 0

数据来源：Wind。

当 3m shibr 远期利率从 2020 年 10 月 1 日开始上涨时。根据远期利率计算出的区间浮动利率支付额以及远期贴现因子也跟随调整，调整后的数值如表 13—12 标灰色所示。

在区间浮动利率支付额以及远期贴现因子跟随 3m shibor 远期利率调整后，按照新的远期贴现因子对区间浮动利率支付额以及区间固定利率支付额进行贴现。需要注意的是，由固定利率 3.32% 决定的固定利率支付额不需要被改变，仅需要将支付额按照新的远期贴现因子贴现即可。

如表 13—13，最终求得固定利率支付现值为 5 010 619 元，浮动利率支付现值为 5 345 157 元；二者差额为 334 538 元，固定利率支付方获得净收益 334 538 元，浮动利率支付方净亏损 334 538 元。经过对以上数据进行计算分析，当浮动利率上升时，出于对利差的投机性购买互换的价值逐渐增加，互换多头获利。

表 13-13　　　　浮动利率与固定利率支付现值的对比

区间	远期贴现因子	区间浮动利率支付额(元)	区间固定利率支付额(元)	区间浮动利率支付现值(元)	区间固定利率支付现值(元)
2020.01.01—2020.03.31	0.813 0	763 389	809 183	620 627	657 858
2020.04.01—2020.06.30	0.805 0	781 083	809 183	628 764	651 384
2020.07.01—2020.09.30	0.795 8	817 778	809 185	650 779	643 941
2020.10.01—2020.12.31	0.775 4	856 111	809 185	663 829	627 442
2021.01.01—2021.03.31	0.764 9	867 500	809 182	663 542	618 935
2021.04.01—2021.06.30	0.756 5	910 000	809 183	688 406	612 139
2021.07.01—2021.09.30	0.745 6	948 111	809 185	706 949	603 361
2021.10.01—2021.12.31	0.736 0	981 333	809 185	722 261	595 560
			求和：	5 345 157	5 010 619

数据来源：Wind。

伴随着市场日新月异的变化，投资者面临的压力与挑战与日俱增，投资者要将现券产品与利率衍生产品有机地结合起来，科学地进行投资组合管理，从而实现提高投资收益的可能性。

第 14 章　投资组合的利率风险免疫策略

银行 AC 账户下的债券资产通常会持有至到期,并且对买入资产收益率进行综合核算,即使市场利率大幅波动也不会带来估值风险。OCI 账户的资产价格变动虽然不计入当期损益,但其浮动盈亏会直接影响资本充足率指标,因此需要严格把控利率风险。FVTPL 账户资产对利率波动最为敏感,大部分机构设置了健全的风险限额管理体系,对止损有着严格的规定。围绕绝对收益的利润考核,银行参照关键收益率指标来衡量债券的投资回报率,因此利率的波动有着牵一发而动全身的传导效应。

具体到账户资产,笔者认为"久期"是债券投资的生命线。久期的数学概念是以未来收益的现值为权数计算的现金流平均到期时间,在实际中久期更多地用于度量价格对利率变动的敏感性,有助于快速计算出资产 DV01 的变化,我们可以按照不同期限资产的持仓量计算投资组合的加权久期。依据对市场后市走势的判断,我们通常采取"加杠杆,拉长久期"的进攻型策略或是"降杠杆,降久期"的防守型策略,以调整投资组合的久期结构。例如,在投资组合中有1年、3年、5年、10年四种不同期限的债券,当所有债券均以一样的幅度同向波动时,通过加权久期计算的组合DV01变动正是各券变动之和。但是在日常实践中,收益率曲线时常会发生非平行移动,即曲线陡峭/平坦化,由于各券的仓位以及久期的差异,会使投资组合价格波动的权重发生改变,因此用加权久期度量组合的DV01往往会产生误差。例如子弹型与哑铃型两种组合策略,我们可以通过调整债券的权重使得两种组合加权久期相同,但根据实际经验,利率曲线的非平行移动会导致加权久期产生差异从而改变组合的基点价值。具体到实际操作,即便我们正确预判了债市的运行方向,没有合理地调整久期权重,最终也难以实现利润目标。

在2020年12月,笔者选取期限分别为1年、3年、5年、10年的4只国债进行实景分析,对投资组合的利率风险免疫策略进行了专题研究。由于"收益率曲线风险"反映出曲线非平行移动的特征,长短端债券利差成为较大变量,在实践中不能以相同的利率波动幅度去调整组合的加权久期,故难以实施免疫策略;反观对于"久期风险",在各券种利率保持相同幅度波动的条件下,可以采取适宜的方法进行利率风险免疫。我们知道,短久期的债券在利率下行的过程中更易遭受再投资风险;而长久期的债券在利率上行的过程中更易遭受资本利得损失。在实践中投资者若要实现损益均衡,则需要构建一个久期与负债大致相等的投资组合,以尽可能地规避资本利得损失与再投资风险。不仅如此,在整个投资期限内,还需要跟随时间的推移,以合理的节奏调整组合的加权久期,从而实现动态的损益均衡。本章主要对"久期风险"与"收益率曲线风险"进行分析,并且基于"久期风险"的角度阐释如何采取免疫策略。

14.1 久期风险

我们知道单券的久期是用来度量市场价格对利率波动的敏感性,同样,通过计算投资组合中各个券种久期的加权平均值即可得到投资组合的久期。令 X_1、X_2、X_3、X_4 为组合中个券的券面总额,D_1、D_2、D_3、D_4 为个券的久期,则加权久期:

$$D = (X_1 \times D_1 + X_2 \times D_2 + X_3 \times D_3 + X_4 \times D_4) / (X_1 + X_2 + X_3 + X_4)$$

我们用 2020 年 12 月 7 日,1 年、3 年、5 年、10 年这 4 个期限的国债市场价来进行组合加权久期计算。

表 14—1　　　　　　　　　　组合加权久期的计算

券种	期限(年)	持仓量(亿)	收益率(%)	久期
200015	1	3	2.85	0.95
200014	3	2	3.03	2.82
200013	5	2	3.12	4.59
200016	10	3	3.27	8.56
投资组合	—	10	—	4.34

数据来源:Wind。

通过公式计算,投资组合的久期 $D=4.34$。

因此:

表 14—2　　　　　　　　　　个券损益的波动

利率波动(bp)	200015(万)	200014(万)	200013(万)	200016(万)	投资组合(万)
5	14.25	28.2	45.9	128.4	216.75
10	28.5	56.4	91.8	256.8	433.5
20	57	112.8	183.6	513.6	867

数据来源:Wind。

当组合中所有券都按相同的利率变化幅度波动时,以加权久期计算出来的基点价值变化值正是个券之和。需特别注意的是,正确计算投资组合基点价值变化的前提是"每个券利率的变化幅度都相同"。若组合中个券走势出现分歧,即收益率曲线并非平行移动,则投资者面临收益率曲线风险。

14.2 收益率曲线风险

在实盘交易中,收益率曲线很多时候并非出现平行向上/向下移动,而是出现不规则的平坦或陡峭,此时用上面的加权久期度量组合基点价值已经失效了。保持上述债券要素不变,分析个券波动幅度不同时,组合基点价值的变化。根据已知要素,计算出组合中各个券种的久期暴露,久期暴露为单券久期与数量权重之积。200015、200014、200013、200016 的久期暴露分别为 0.28、0.56、0.91、2.56。

表 14—3　　　　　　　　　　组合基点价值的变化

券种	利率波动(bp)		
200015	5	4	7
200014	5	4	5
200013	5	5	4
200016	5	7	4
投资组合(万)	217	258.3	186.4

数据来源:Wind。

情形一,4 只券均同向波动 5bp:

组合基点价值波动=4.34×5×10=217

情形二,4只券分别同向波动 4bp、4bp、5bp、7bp:

组合基点价值波动 =(0.28×4+0.56×4+0.91×5+2.56×7)×10
= 258.3

情形三,4只券分别同向波动 7bp、5bp、4bp、4bp:

组合基点价值波动 =(0.28×7+0.56×5+0.91×4+2.56×4)×10
= 186.4

从以上三种情形可以发现在收益率曲线呈现不规则形态的背景下,由于各券的久期以及持仓量不同,导致影响投资组合价值波动的权重也不尽相同,基点价值变化差异较明显。

综上所述,在面临久期风险与收益率曲线风险的同时,如何最大限度实现利率风险波动免疫,是需要投资者深刻思考的问题。

14.3 如何实现利率风险免疫

投资组合仅面临久期风险,而不受收益率曲线风险影响(各个券种波动幅度与方向相同)。

情形一:资产负债期限匹配

已知 5 年期国债 200013 发行收益率 3.02%,票面利率 3.02%,市场价格 100 元,久期 4.8,投资期限 5 年,持仓量 1 亿,目标投资收益率 3.02%,计算在市价波动下总投资收益率是否能达标。

表 14—4　　　　　5 年期国债总投资收益率的对比

市价收益率 (%)	到期净价 (元)	名义票息 收入(元)	票息再投资 收入(元)	资本利得 损益(元)	投资总收益率 (%)
3.22	100	15 100 000	2 431 100	0	3.05
3.12	100	15 100 000	2 355 600	0	3.03
3.02	100	15 100 000	2 280 100	0	3.02

续表

市价收益率（%）	到期净价（元）	名义票息收入（元）	票息再投资收入（元）	资本利得损益（元）	投资总收益率（%）
2.92	100	15 100 000	2 204 600	0	3.01
2.82	100	15 100 000	2 129 100	0	2.99

数据来源：Wind。

经过计算分析得出：

当市场收益率在3.02%以上波动时，名义票息收入的再投资将会获得更高的收益，因此投资总收益高于目标收益率3.02%；

当市场收益率在3.02%以下波动时，名义票息收入的再投资将会获得更低的收益，因此投资总收益低于目标收益率3.02%。

故在资产负债期限匹配的情形下，名义票息收入与投资总收益率具有较强相关性。

情形二：资产负债期限错配——资产久期长于负债久期

已知10年期国债200016发行收益率3.27%，票面利率3.27%，市场价格100元，久期8.6，投资期限5年，持仓量1亿，目标投资收益率3.27%，计算在市价波动下总投资收益率是否能达标。（注：本例中5年期国债与10年期国债保持相同的涨跌幅度，再投资用于购买5年期国债。）

表14-5　　　　　　　10年期国债总投资收益率的对比

市价收益率（%）	到期净价（元）	名义票息收入（元）	票息再投资收入（元）	资本利得损益（元）	投资总收益率（%）
3.47	98.28	16 350 000	2 836 725	−1 720 000	3.00
3.37	99.14	16 350 000	2 754 975	−860 000	3.14
3.27	100	16 350 000	2 673 225	0	3.27
3.17	100.86	16 350 000	2 591 475	860 000	3.40
3.07	101.72	16 350 000	2 509 725	1 720 000	3.54

数据来源：Wind。

经过计算分析得出：

当市场收益率在 3.27% 以上波动时，资本损失完全对冲增加的再投资收入并形成实亏，因此投资总收益低于目标收益率 3.02%；

当市场收益率在 3.27% 以下波动时，资本利得完全对冲减少的再投资收入并形成实盈，因此投资总收益高于目标收益率 3.02%。

故在资产久期长于负债久期的情形下，资本利得损益与投资总收益率具有更强的相关性。

情形三：资产负债期限错配——资产久期短于负债久期

已知 1 年期国债 200015 发行收益率 2.89%，票面利率 2.89%，市场价格 100 元，久期 0.95，投资期限 5 年，持仓量 1 亿，目标投资收益率 2.89%，计算在市价波动下总投资收益率是否能达标。（注：本例中 1 年期国债到期后继续滚动购买 1 年期国债直到投资期限结束。）

表 14—6　　　　　1 年期国债总投资收益率的对比

市价收益率(%)	到期净价(元)	票息收入(元)	本息滚动投资收入(元)	资本利得损益(元)	投资总收益率(%)
3.09	100	2 890 000	16 208 882	0	3.05
2.99	100	2 890 000	15 758 636	0	2.97
2.89	100	2 890 000	15 309 698	0	2.89
2.79	100	2 890 000	14 862 068	0	2.81
2.69	100	2 890 000	14 415 742	0	2.73

数据来源：Wind。

经过计算分析得出：

当市场收益率在 2.89% 以上波动时，本息滚动收入将会获得更高的收益，因此投资总收益高于目标收益率 2.89%；

当市场收益率在 2.89% 以下波动时，本息滚动收入将会获得更低的收益，因此投资总收益低于目标收益率 2.89%。

故在资产久期短于负债久期的情形下，本息滚动收入与投资总收益率具有较强相关性。

通过对上述三种情形进行数据分析，我们发现：

表14—7　　　　　　　　三种情形下的相关性分析

久期 \ 总收益	票息再投资收入	资本利得损益
资产负债匹配	相关性强	相关性弱
资产短于负债	相关性强	相关性弱
资产长于负债	相关性弱	相关性强

数据来源：Wind。

短久期的债券在利率下行的过程中更易遭受再投资风险；而长久期的债券在利率上行的过程中更易遭受资本利得风险。在实战中投资者若要实现损益均衡，则需构建一个久期与负债大致相等的投资组合，以尽可能规避资本利得与再投资风险。不仅如此，在整个投资期内，还需跟随时间的推移，以合理的节奏调整组合的加权久期，从而实现动态的损益均衡。例如6年的投资期限，1年后，剩余期限5年，但持仓债券加权久期可能变化不同步，需要及时做调整。

我们以另一种较为直观的方式，来解释投资组合利率风险免疫策略。

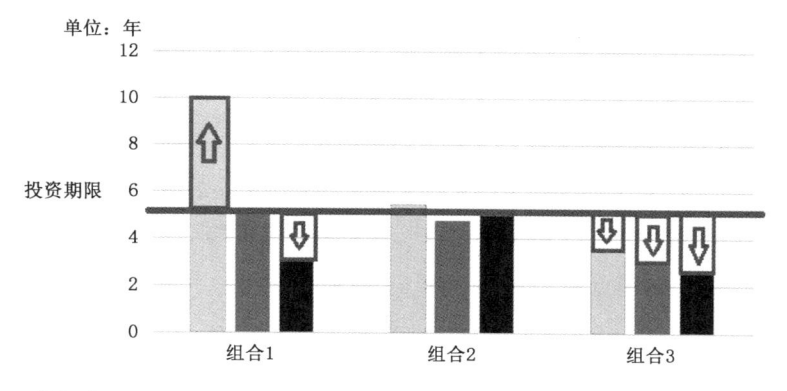

数据来源：Wind。

图14—1　久期、投资期限与风险暴露

如图14—1所示，纵轴为投资期限（债券久期），横线代表投资期限5年，含箭头标识则表示每个组合的风险暴露程度。

在组合 1 中，浅灰色长期债券在投资期限结束后仍有未偿付部分，这暗示当利率出现较大幅度上行时，债券将承受更多的资本利得损失；黑色短期债券在投资期限结束前已经兑付本息，如果利率出现较大幅度的下行，债券将承受更多的再投资收入损失。

在组合 2 中，3 种债券具有相似的到期日，且均临近投资期限末期，收回本息的同时规避了再投资风险与久期风险，是极佳的利率免疫策略。

在组合 3 中，3 只短债均在投资期限结束日前兑付本息，如果利率出现较大幅度下行，再投资收入风险成为影响投资总收益率的核心因素。

故在投资组合面临久期风险而非收益率曲线风险的环境下（收益率曲线保持平行移动），投资者可以科学合理地调整组合加权久期，进而实现利率风险免疫，下面是我们推导出的利率风险系数指标：

$$\text{利率风险系数 } \alpha = PDV_1 \times (1-T)^2 + PDV_2 \times (2-T)^2 \\ + PDV_3 \times (3-T)^3 + \cdots + PDV_N \times (N-T)^2$$

该系数越大，表明投资组合风险暴露程度越高；反之，投资组合具有较强的利率风险免疫。

其中：PDV_N 是第 N 期未来现金流以市价收益率进行的贴现，N 是最后一期现金流的时间，T 是投资期限。

在上式中最后一期现金流为债券还本付息，PDV_N 值临近最大。

分析 N 大于 T、N 小于 T、N 等于 T 三种情况。由此得出结论，当 N 无限趋近于 T 时，利率风险系数 α 值越小，投资组合利率风险免疫程度越高；反之，则越低。

针对本章开头提到的"久期风险"与"收益率曲线风险"，以上内容着重分析应对"久期风险"的免疫策略。由于"收益率曲线风险"反映出长短端利差非平行移动的特征，故在实战中较难以相同的利率波动幅度去调整组合的加权久期，需要针对具体情形进行个券的合理配置。

·第四篇·

债市历史回顾

第 15 章　2002 年至 2022 年 10 年期国债收益率走势分析

国债收益率是金融市场上具有普遍参照作用的无风险利率,基于这样的特性,国债收益率实际上已经成为债券类金融工具的基准利率。在本书中,笔者提到长端收益率(通常以长期限国债到期收益率为代表)蕴含了对未来经济增长与通货膨胀的预期,因此在投资交易中会受到更多的关注。在本章,笔者选择 10 年期国债作为参照品种,对银行间利率债市场进行回顾。

虽然我国银行间债券市场始建于 1997 年,但在 2002 年之前市场上债券的保有量以及交易活跃度都非常有限,故我们从 2002 年开始分析银行间债券市场的变化。考虑到次贷危机、"四万亿"强刺激、供给侧结构性改革和新冠疫情四个标志性事件不仅改变了我国的经济发展趋势,而且对金融领域的纵深改革也具有划时代的意义,因而我们分别以上述时间节点将历史依次划分为：次贷危机前期（2002—2008 年）、强刺激与弱需求（2008—2016 年）、供给侧结构性改革（2016—2020 年）和抗击疫情时期（2020—2022 年）四个区间。

需要强调的是，站在回溯历史的角度来解释利率的变化，其思路往往非常清晰顺畅。站在当前时点，我们能够快速地将 2008 年债券牛市和 2009 年债券熊市的原因归结于次贷危机前后经济增长的表现，这背后就是一个逻辑主线对于一段相对较长利率周期所产生的决定性作用。可是在实践中，当我们需要对未来制定投资交易策略时，却很难预判未来一段时期的逻辑主线是什么，我们所能做的只能是在应对多数"小矛盾"的同时不断寻求未来可能出现的"主要矛盾"，最终"小矛盾"会被市场证伪，"主要矛盾"则会越来越清晰。因此在把握每个时段逻辑主线的同时，了解利率波动背后微观层面的成因也很重要。

在本章，笔者以"讲故事"的方式，从"2002 年至 2008 年，2008 年至 2016 年，2016 年至 2020 年，2020 年至 2022 年"四个时间段对 10 年期国债收益率走势进行详细分析与回顾，希望能对读者有所帮助。

15.1　2002—2008 年次贷危机前期

15.1.1　自 2002 年 6 月至 2004 年 12 月，国债收益率处于明显上升通道，从低点 2.32% 上行至 5.41%

由于 2002 年初 CPI 为负且有一次降息，"通缩"成为市场主流观点。直至 2003 年初，市场依然有降准的预期，3 月至 6 月在非典疫情的冲击下，经济增速回落，叠加央行呵护资金面以及市场避险情绪高涨，因此收益率持续在低位盘整。2003 年下半年非典疫情解除，央行开始逐步收紧流动性叠加市场出现上调准备金率的传言,资金价格上行,当局高层提出对通胀走高的警告,在多重利空因素下,10年期国债收益率迅速上行。2004年初CPI突破3%并逐渐走高,中央高层对高通胀发出警告,当年7月CPI高达5.3%,在一定程度上打击了市场情绪,10月央行上调1年期存、贷款利率0.27%后长债收益率再次大幅上行。

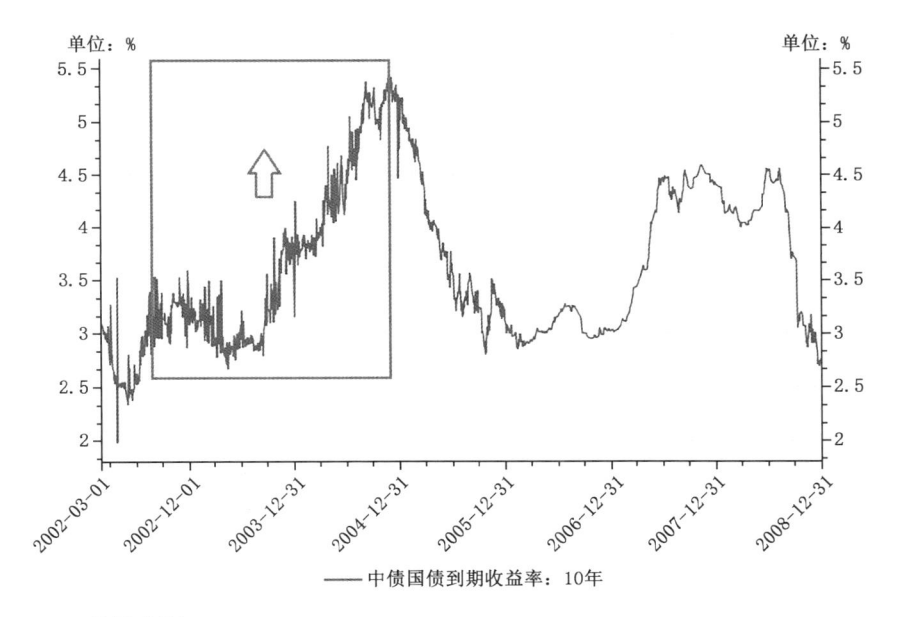

数据来源:Wind。

图15—1 2002年6月至2004年12月,国债收益率处于明显上升通道

15.1.2 自2005年1月至11月,国债收益率处于明显下降通道,从高点5.41%下行至2.8%

2005年初CPI同比增速回落这一基本面因素成为收益率下行的牵引线。1月CPI仅为1.9%且央行央票发行利率降低50bp至2.8%,极大地鼓励了市场多头气氛,现券收益率开始下行。3月中旬央行下调超储率63bp至0.99%,宽松的货币政策奠定了牛市的基本格局。7月汇改

后,人民币小幅升值,外资买盘进一步投资中国债市,现券延续牛市格局,且7月、8月、9月、10月四个月的CPI均位于1.8%以下,牛市步入了下半场。

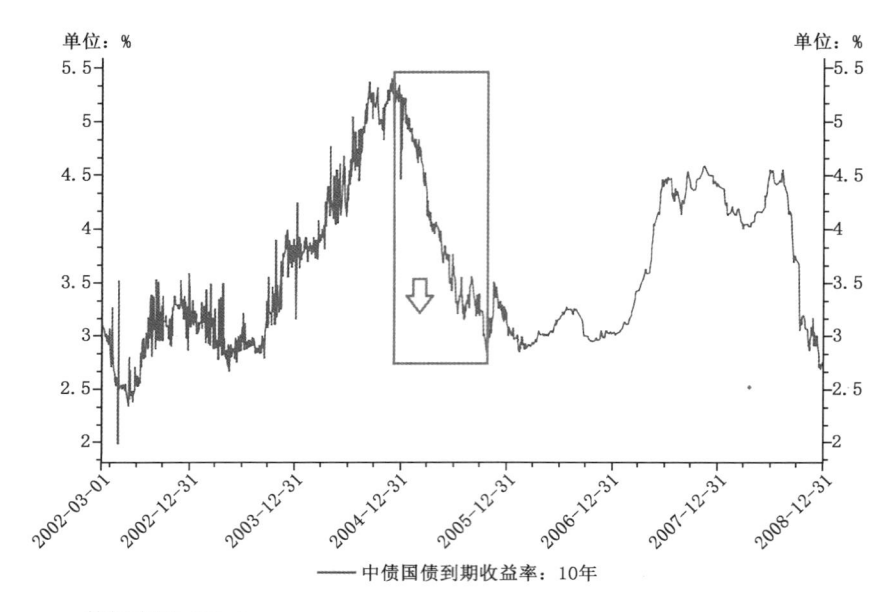

数据来源:Wind。

图15—2 2005年1月至11月,国债收益率处于明显下降通道

15.1.3 自2005年12月至2006年12月,国债收益率围绕中枢3.1%小区间震荡

2006年整体的基本面数据并未对现券市场带来较大影响,央行央票操作的利率对长债提供方向性指导,下半年在"滞胀"的背景下,长短端利率出现一定背离。2006年初至3月中旬央票发行利率以及7天逆回购利率均有所下降,长债收益率因此出现短暂下行。3月中旬起先是央票利率提升引发长债利率调整,直至4月底央行宣布提高贷款基准利率27bp至5.85%,此期间10年期国债出现一定幅度上行。加息的力

度不及预期,且之后的 7 天回购利率不断下行,长端利率顺势出现一波下行修复行情。7 月底央行上调存款准备金率 50bp,8 月央行提升存贷款基准利率 27bp,且 12 月 CPI 大幅拉升至 2.8%,来自资金面的利空叠加 CPI 引发的"滞胀",长债收益率在短暂向下修复后出现明显上升趋势。

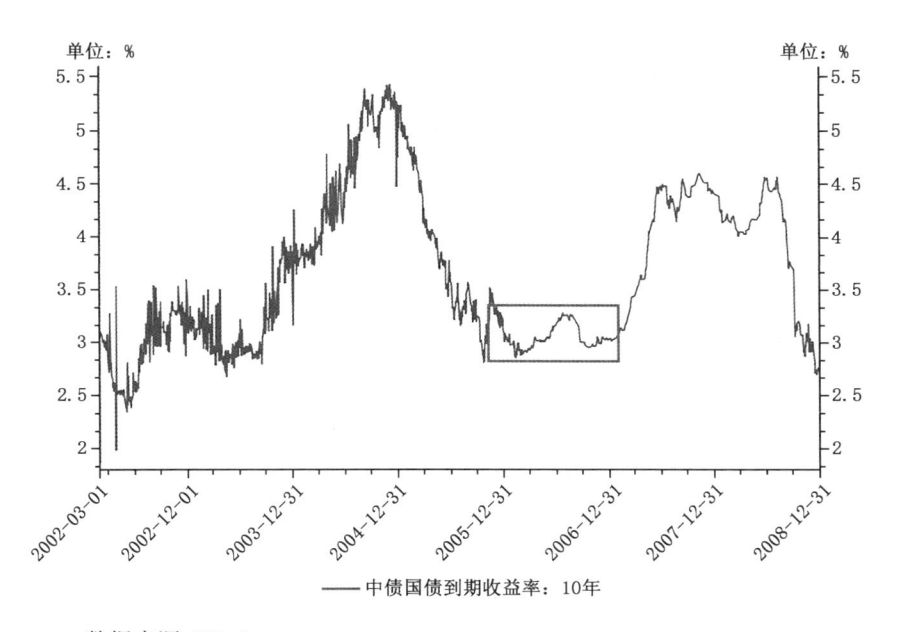

图 15—3 2005 年 12 月至 2006 年 12 月,国债收益率小区间震荡

数据来源:Wind。

15.1.4 自 2007 年 1 月至 7 月,国债收益率处于明显上升通道,从低点 3.0%上行至 4.45%

2007 年长债收益率大幅上行主要是由基本面因素引起,"高通胀"与"加息"是当时市场关注的焦点。2007 年 1 月初央行上调准备金利率 50bp,2 月央行上调央票发行价格,长债收益率被动出现上行。在经历年初两三个月紧缩政策的冲击后长债已经出现一定幅度上行,3 月信贷增

速与CPI不断"高企"引发市场担忧,4月央行出乎意料地上调准备金利率50bp,大量利空因素导致悲观情绪持续发酵。5月下旬央行再次决定上调准备金利率50bp、上调存贷款基准利率27bp与18bp,5月、6月、7月三个月CPI依然"高企",分别为3.4%、4.4%、5.6%,长债收益率延续上行趋势。

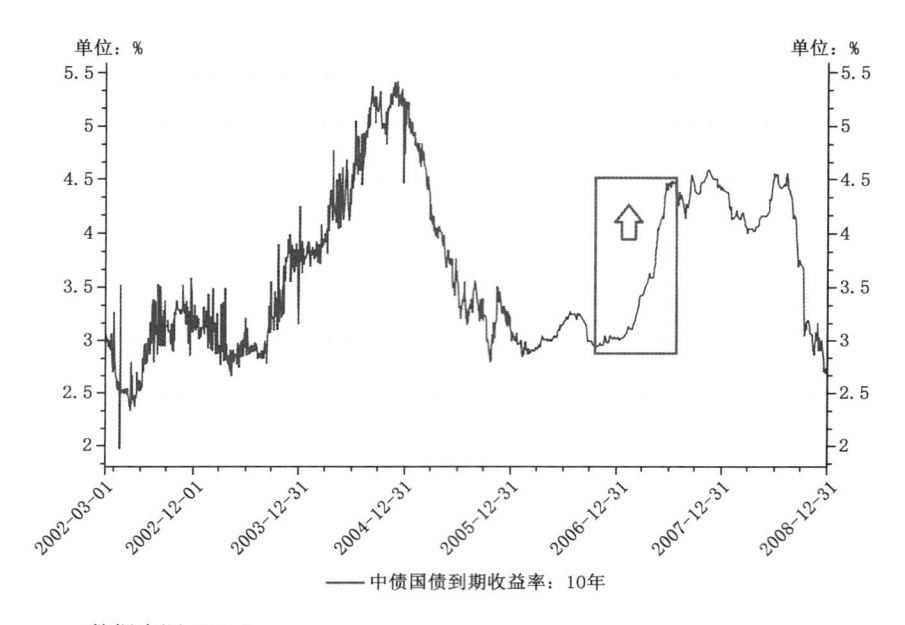

数据来源:Wind。

图15—4 2007年1月至7月,国债收益率处于明显上升通道

15.1.5 自2007年8月至2008年8月,国债收益率围绕中枢4.25%小区间震荡

经历了前期收益率的大幅调整,市场对新增利空因素反应明显钝化,纵使7、8两个月的CPI依然处于5.6%与6.5%的高位,且由于前期超跌,7月底至8月底行情出现近20bp的技术性反弹。8月底,为了购买外汇作为即将成立的国家外汇投资公司的资本金来源,财政部宣布发行

1.55万亿特别国债,9月初央行上调准备金利率50bp,9月14日央行宣布1年期存款基准利率上调27bp,资金面紧张氛围浓厚,长债利率震荡上行。转折点出现在12月20日,央行分别上调1年期存款和贷款的基准利率27bp与18bp,此时经历了年内多次加息后市场对此次操作反应平淡,长债进入技术性反弹区间,从收益高点下行近40bp。虽然2008年1月中旬央行上调准备金利率50bp,市场并未对此做出过多反应,利率维持下行趋势。技术性反弹终止的信号始于4月16日央行上调准备金利率50bp,随后5月初财政部30年国债招标边际利率大幅高于二级成交价30bp,直接引发市场恐慌性抛盘,5月12日央行上调准备金利率50bp,6月发改委宣布上调油价、电价,资金面的大幅收紧叠加对通胀的担忧,6月末出现止损踩踏行情。

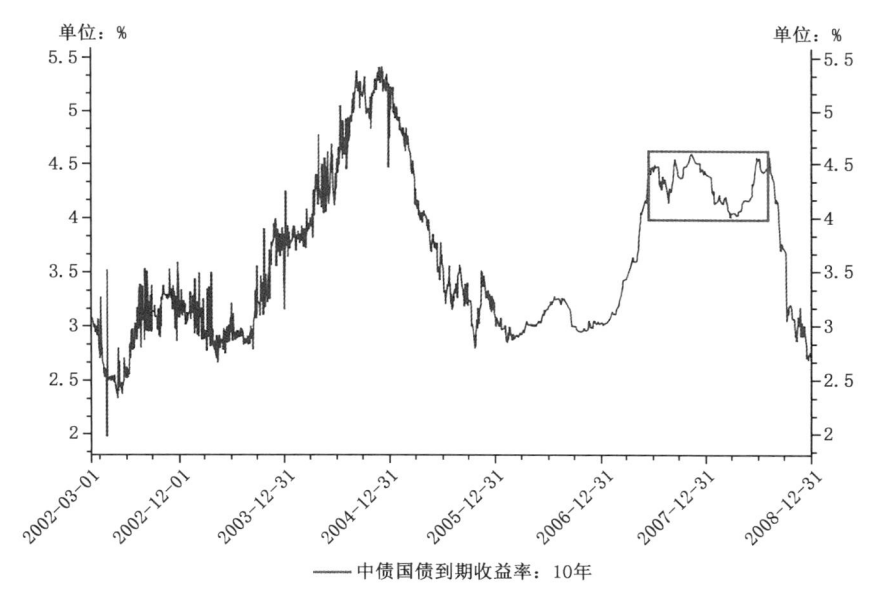

数据来源:Wind。

图15－5　2007年8月至2008年8月,国债收益率小区间震荡

15.2 2008—2016 年强刺激与弱需求

15.2.1 自 2008 年 9 月至 2009 年 1 月,国债收益率处于明显下降通道,从高点 4.45%下行至 2.7%

2008 年 9 月起,愈演愈烈的国际金融危机导致国内经济衰退,货币当局果断降准降息,债市情绪快速回暖,长债收益率在随后的 4 个月内出现大幅下行。基金公司率先对经济走弱形成预判,成为 9 月市场的配置主力,带领行情向纵深开展。9 月、10 月和 11 月中国人民银行连续四次降存贷款基准利率、两次降准,累计降息189bp、降准150bp,现券明确反

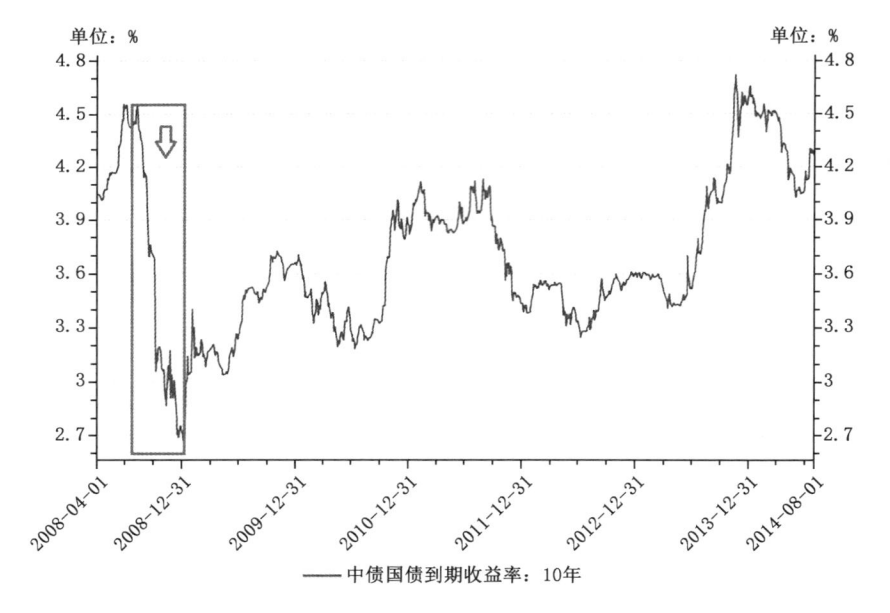

数据来源:Wind。

图 15—6 2008 年 9 月至 2009 年 1 月,国债收益率处于明显下降通道

转走势,长债收益率持续快速下行。与此同时,上证指数从 8 月的 2 800 点大幅下跌至年底的 1 800 点,股债跷跷板效应得到充分体现。虽然在 10 月下旬 30 年期国债的一级供给增加导致长债收益率有小幅反弹,但在 11 月降息落地后收益率迅速回落至 2.7% 低位。2008 年 9 月至年底的债市是在央行降准降息政策等多重利好催化下难得一见的大牛市。

15.2.2 自 2009 年 2 月至 2010 年 12 月,国债收益率震荡上行,从低点 2.7% 上行至 4.0%

缘于 2008 年 12 月银行信贷数据增幅超预期、工业增加值增速回升以及 2009 年 1 月 PMI 和 M2 数据回升,2009 年 1 月起以基金为主的机构预先判断经济将从 2008 年危机中复苏,致使 10 年期国债被大量做空,收益率从 2.70% 低位出现 45bp 的上行幅度。自 2 月起至 6 月底,资金面宽裕以及配置盘入场,叠加 5 月经济数据增长有所回落,10 年期国债收益率围绕 3.1% 中枢窄幅盘整。但从 7 月初至年底收益率出现了较为明显的上行趋势,回溯当时境况,这波上行始于 7 月初央票发行利率抬升,8 月、9 月数据超预期增长,叠加 9 月证金债与 30 年期国债大量供给。直至 11 月弱于预期的经济数据落地,现券情绪才有所回暖,收益率围绕 3.7% 窄幅震荡。2010 年初市场对高通胀的预期越发强烈,但随后一个月公布的价格数据以及经济数据均弱于预期叠加房地产调控等政策面影响,10 年期国债收益率先上后下,最低下至 3.15% 点位。真正令利率出现趋势性大转折的时间点为 8 月。7 月中央政治局会议传达出强财政刺激信号,8 月份工业增加值与 CPI 均强于预期,市场再现加息预期,9 月末跨季资金面异常紧张,长债在此期间出现较大幅度调整,上行近 20bp。10 月 19 日央行超出市场意料加息叠加 PMI 强于预期,市场出现剧烈调整,收益率在 11 月初突破 3.90%。11 月中旬及下旬的两次上调准备金率,进一步强化了空头情绪,收益率一度达到 4.01% 的年内高点。虽然 12

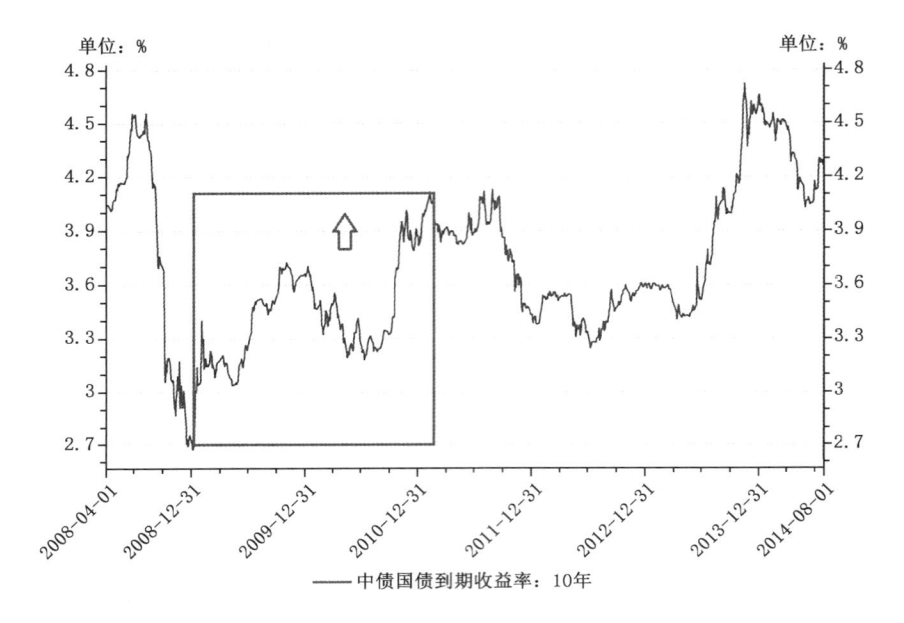

月CPI略有下行,但在空头力量主导下收益率始终围绕3.90%窄幅震荡。

数据来源:Wind。

图15-7 2009年2月至2010年12月,国债收益率震荡上行

15.2.3 自2011年1月至12月,国债收益率呈现震荡下行趋势,从4.1%下行至3.4%

2011年初,"高通胀"是市场的主流预期,年初公布的通胀数据与经济增长数据较为强劲,春节后央行依次上调存款准备金率、上调存贷款基准利率,长债收益率从年初快速上行近30bp至4.1%高位。收益率上行的节奏被突如其来的风险事件所打乱,3月初欧债危机引发的全球权益市场大跌以及日本核泄漏危机,都大大提升了避险情绪,长债收益率出现近20bp的回落。自6月初始,避险情绪逐渐被市场消化,"高通胀"叠加半年末资金紧张等因素再度推升长债利率。6月、7月、8月3个月的CPI均破6%,央行一度收紧资金面,以及7月城投债危机导致利率债被抛

售，这些利空因素都令债市情绪进一步恶化，长债利率从 3.85% 上行至 4.1%，并在高位横盘震荡。市场熊牛转换的导火索来自 9 月下旬美联储采取措施释放经济下行信号，随后 11 月中下旬央行先后下调 1 年期央票发行利率、下调存款准备金利率，11 月 CPI 跌破 5%、工业增加值跌破 13%，多头氛围不断升温，长债收益率从 9 月初的 4.1% 下行至年底 3.4%，降幅达 70bp。

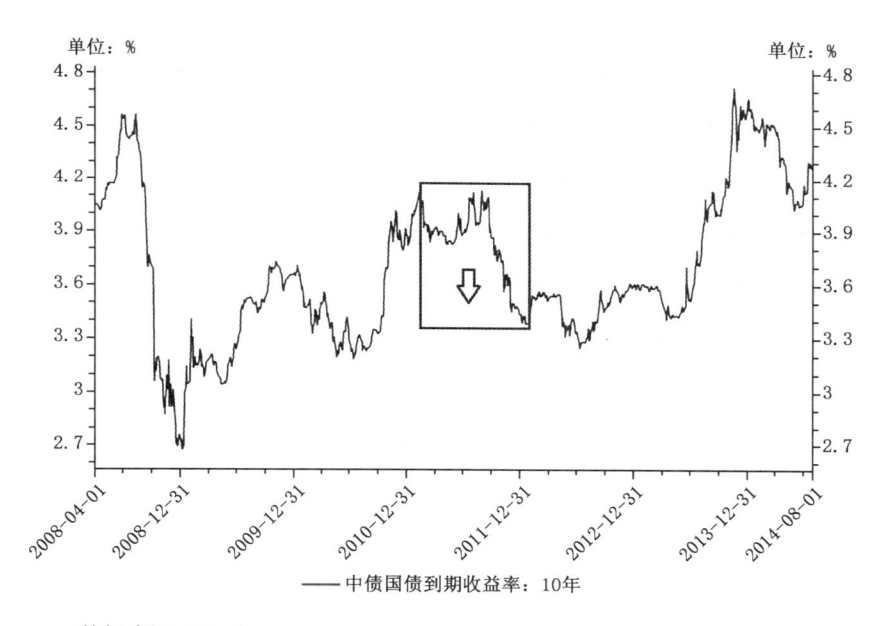

数据来源：Wind。

图 15—8　2011 年 1 月至 12 月，国债收益率呈现震荡下行趋势

15.2.4　自 2012 年 1 月至 2013 年 5 月，国债收益率围绕 3.45% 中枢区间震荡

2012 年初公布的 1 月份 CPI 和信贷数据均强于预期，1—2 月的 PMI 高预期并持续增长。多重利空致使 10 年期国债收益率在第一季度震荡上行近 20bp，3 月份强劲的数据表明经济在持续改善，长债收益率再度攀

升。5月初虽然希腊债务危机令避险情绪升温,但市场真正的转折点是5月中旬公布的工业增加值大幅回落,随后央行降准,在货币政策放松与避险情绪升温双重利多下,收益率快速下行近20bp。随后6月、7月央行各有1次降息,但市场前期已经充分将其消化,叠加5月、6月工业增加值出现企稳,长债在8月前一直在3.3%附近窄幅盘整。自8月初至年底收益率呈现震荡上行趋势。8月初资金面的紧张令长债利率不断走高,9月时任总理温家宝的讲话引发市场强财政刺激的担忧,叠加9月楼市销售与价格均出现回暖,市场对经济增长回升产生较强预期。9月、10月与11月的工业增加值数据连续突破9与10两个关口,至年底10年期收益率已达到3.6%。2013年一季度由于数据真空期以及资金面稳定,长债窄幅盘整。3月下旬当局发布"加强非标资产监管"的通告,叠加3月、4月的CPI与工业增加值均弱预期,长债在3月末至5月底呈现震荡下行趋势。

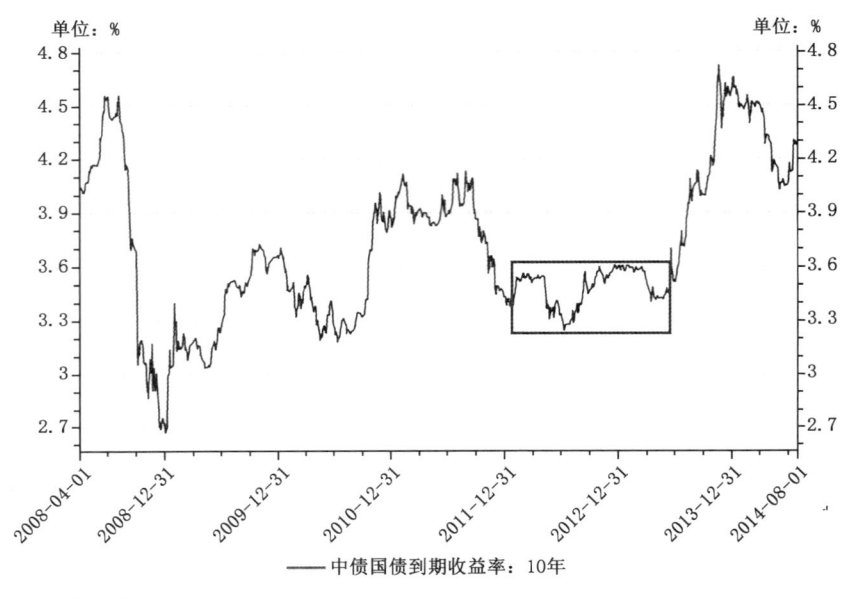

数据来源:Wind。

图15－9　2012年1月至2013年5月,国债收益率围绕3.45%中枢区间震荡

15.2.5 自 2013 年 6 月至 11 月，国债收益率自 3.45%大幅上行至 4.6%，调整幅度达 115bp

6 月至 11 月造成 10 年期国债收益率大幅上行的核心逻辑是"资金面异常紧张"与"经济增长回暖"。6 月初以来资金面持续偏紧，但央行依然在月中续作 3 个月央票，此举打消了市场对货币政策转松的预期，长债利率开始向上突破。随后几个工作日，央行更加坚定地续发央票，出于对流动性紧缩的恐慌，市场情绪迅速恶化。公开市场操作当天，7 天回购利率最高飙升至 28%，国债收益率上冲至 3.7%。6 月底央行为了缓解市场恐慌情绪，宣布将保护市场流动性，引导回购利率下行，长债利率出现一定回落至 3.50%。7 月中旬央行悄然续作的央票发行，极大程度回笼了配置力量，导致 7 月份国债一级市场发行结果远高预期，带动二级市场

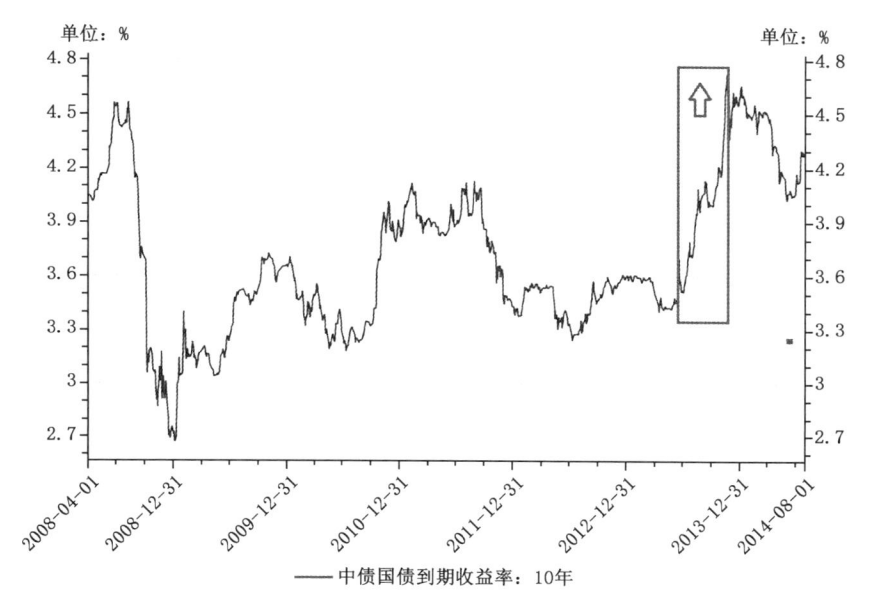

数据来源：Wind。

图 15-10 2013 年 6 月至 11 月，国债收益率大幅上行

出现调整。8月初至11月底,国债利率出现剧烈上行,究其原因,是基本面超预期调整。7月至10月工业增加值数据大幅超预期回升,以及自9月起通胀数据的走高,成为击溃多头力量的核心因素。

15.2.6 自2013年12月至2016年10月,国债收益率呈现震荡下行趋势,从4.6%下行至2.6%

2013年12月资金面预期先松后紧,月中出现第二波回购利率冲高,月末央行还出乎意料地操作正回购,长债利率在高位窄幅盘整。从事后来看,2014年是利率大幅下行的大牛市。1月初至6月底,长债呈现震荡下行的走势。春节前后资金面均较宽松,以及1—2月经济数据明显不及预期,都一定程度刺激了多头力量。4月中旬降准落地,令市场的政策预期彻底转变,经济下行叠加货政放松,长债利率再下一城。7月至9月中旬。利率高位震荡。7月公布的经济与金融数据均超预期,长债再次出现上行,并延续至9月中旬。9月中旬至年底,利率再度大幅下行。真正意义的预期转折点是9月公布的经济数据大幅下跌,随后央行下调正回购利率,11月下旬降息,多头力量主导市场直至年底。2015年上半年市场围绕资金面宽松预期与地方债大量供给展开博弈,利率围绕3.5%中枢区间震荡,未有明显趋势。自7月初至年底,国债利率大幅下行。市场对股灾的反应是滞后的,直到央行降准降息,买盘力量才逐渐增加。叠加三季度经济数据疲弱,央行再度降准降息,利率再下一城直探2.8%,多头氛围持续到年底,2015年大牛市落下了帷幕。2016年前10个月,市场围绕2.8%区间震荡,未出现明显趋势性行情,市场在此期间关注的焦点各有不同。2016年初至5月初,10年期国债略微震荡上行。年初股市再度暴跌,但资金面紧张,监管委外以及严查杠杆率等传言致使空头氛围升温。英国脱欧带来的避险情绪升温与海外机构买盘涌入,国债利率再下一城至2.6%低位。

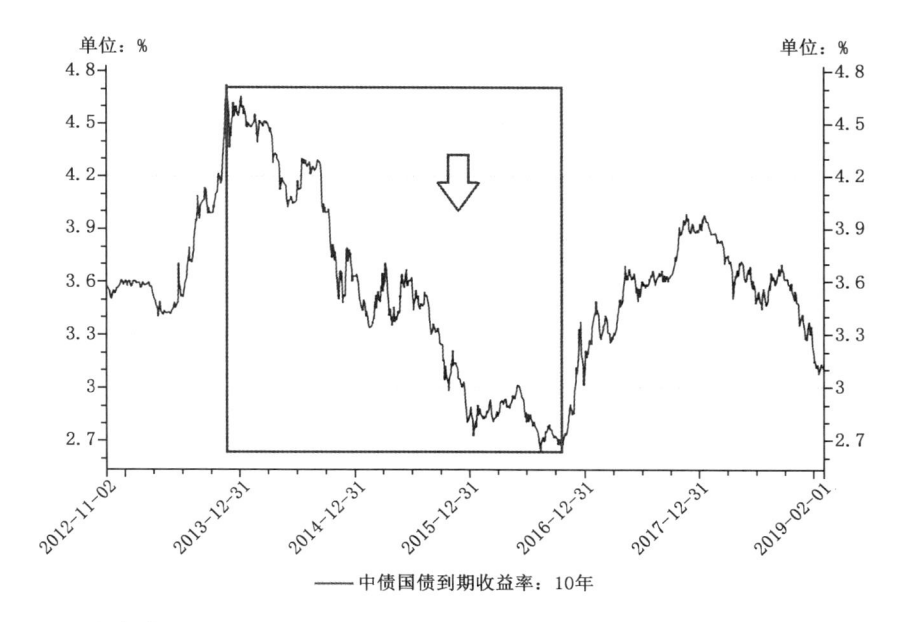

第 15 章　2002 年至 2022 年 10 年期国债收益率走势分析 | 171

数据来源：Wind。

图 15—11　2013 年 12 月至 2016 年 10 月，国债收益率呈现震荡下行趋势

15.3　2016—2020 年供给侧结构性改革

15.3.1　自 2016 年 11 月至 2017 年 12 月，国债收益率出现较大幅度攀升，从 2.6% 上行至 3.99%

从事后角度来看，2016 年 11 月是牛熊转折点，2016 年 11 月至 2017 年 6 月底，国债利率出现较大幅度上行。11 月特朗普当选总统后，强财政、强刺激政策导致全球大宗商品价格快速上涨，全球市场风险偏好抬升，债市情绪迅速降温。2017 年初市场盛传当局要加强金融监管，"去杠杆、防风险"等政策基调打压多头情绪，一季度央行数次调升 OMO 利率，

国债收益率不断走高。4月"资管新规"等监管文件密集出台,市场情绪再度悲观,收益率再次向上突破。直至6月,货币政策没有进一步收紧,收益率形成第一个"顶"。10月至当年年底收益率再次上行。国庆节后资金面略有紧张,债券市场随之略有调整,但真正令市场出现转折点的是央行领导在10月中旬的讲话释放出经济在逐步回暖的信号,这与此前市场预期经济保持弱势大相径庭,国债抛压大增。月末中共十九大洋溢着对经济乐观的预期,多头全线溃败。11月底"资管新规"等监管意见稿正式落地,情绪再添寒意,空头氛围浓厚,直至年底收益率上行至3.99%。

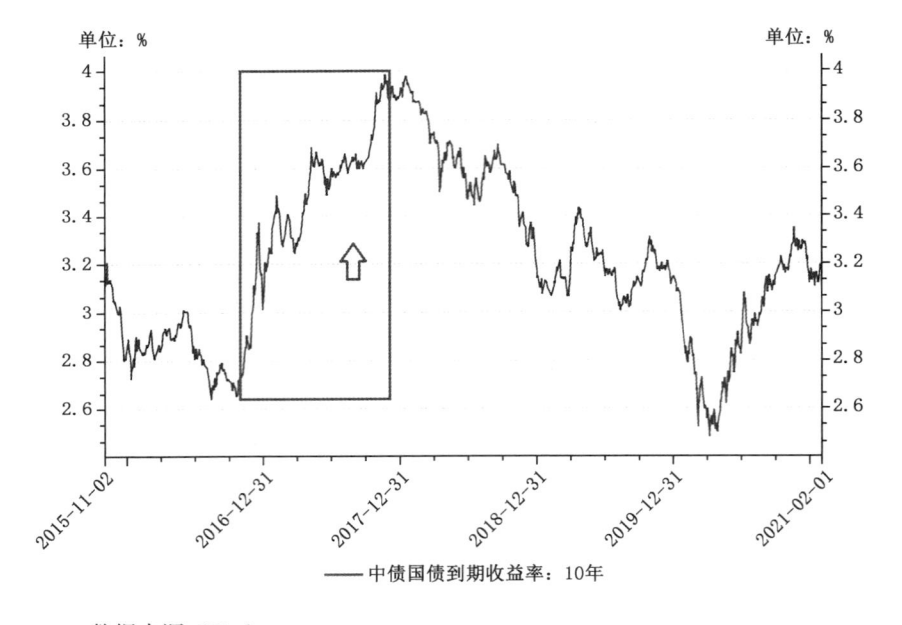

数据来源:Wind。

图15-12 2016年11月至2017年12月,国债收益率出现较大幅度攀升

15.3.2 自2018年1月至2020年4月,国债收益率重心震荡下移,从4.0%下行突破2.5%

2018年初至6月,收益率大趋势是下行。年初的资金面并未像2017

年那样紧张,流动性方面给予债市较大呵护,叠加3月中美贸易摩擦显现,社会融资数据持续弱化,央行在4月与6月两次降准,债市为多头氛围笼罩。7月中旬至9月底收益率出现小幅调整,主要是由于对宽信用复苏、地方债大量供给、"滞胀"预期等因素的担忧。10月初至年底收益率毫无阻力下行。国庆节后央行意外降准,再次稳定了市场对货币政策宽松的预期,叠加贸易战发酵等因素导致的权益市场大跌,市场避险情绪快速升温。不仅"胀"的预期被证伪,10月社会融资数据也出现大幅下行,"衰退"逐渐成为主线逻辑,债券配置力量大增。2019年是国债走势无明显趋势,且宽幅震荡的一年。一季度伴随经济金融数据改善、中美贸易摩擦趋缓,市场风险偏好抬升,国债收益率出现向上修复调整。5月包商银行"暴雷"引发避险情绪升温,央行释放流动性来维稳,利率从高位开始回落。包商银行事件的影响被充分消化后资金面持续收紧叠加"猪通

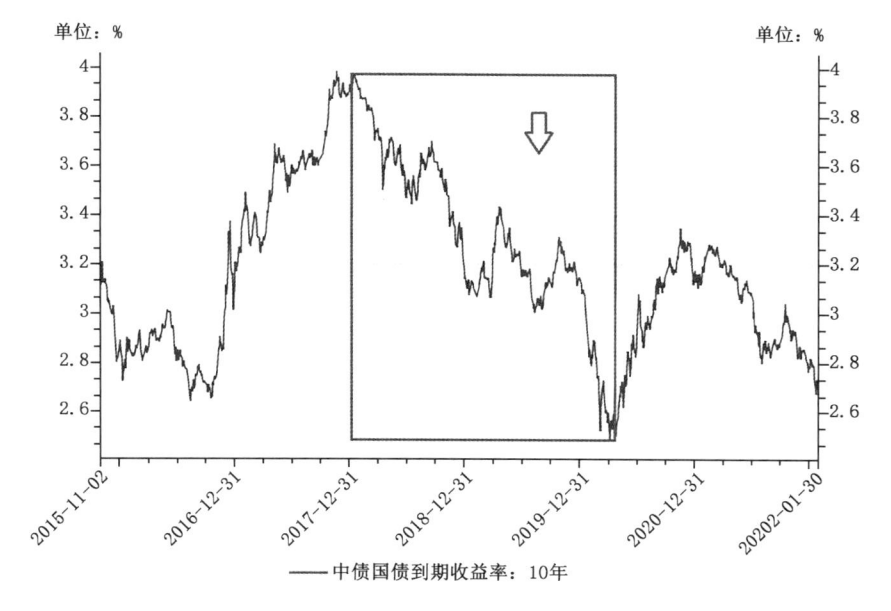

数据来源:Wind。

图 15—13　2018 年 1 月至 2020 年 4 月国债收益率重心震荡下移

胀",市场担忧货币政策转紧,国债利率再次向上回调。11月央行意外的MLF利率下调打消了市场对通胀的担忧。疫情暴发后央行两次降低MLF利率,政策利率中枢下移引领国债收益率下行突破2.50%。

15.4 2020—2022年抗击疫情时期

15.4.1 自2020年5月至2021年2月,国债价格从2.48%上行至3.34%

此区间债券收益率上行可以理解为"经济超预期修复引发的市场大幅调整"。年初疫情暴发后,央行施行非常规的货币宽松政策,在"量"与

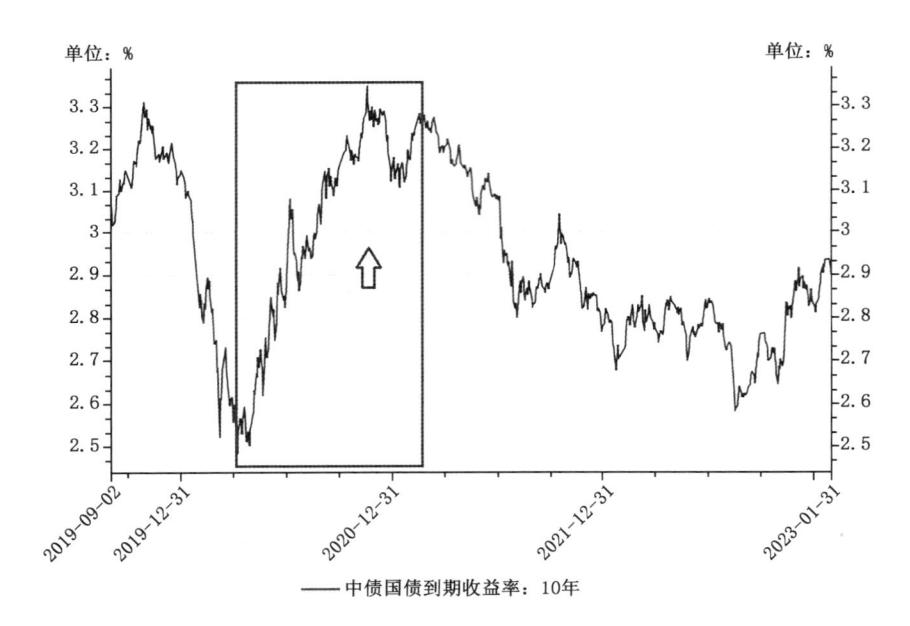

数据来源:Wind。

图15—14 2020年5月至2021年2月,国债收益率上行近80bp

"价"两方面实施逆周期调节,市场利率下行趋势全面确立,10年期国债探底2.48%点位。然而4月底成为熊市的转折点。5月初疫情得到有效控制,生产恢复,4月份经济数据PMI和出口远强于预期,央行MLF率先缩量续作释放非常规宽松政策退出信号,R007价格逐渐回归政策利率中枢水平,收益率曲线形态由牛平向熊平切换。6月特别国债与地方债的超量供给令银行负债端压力大增,同业存单利率突破1年MLF利率上限。7月权益市场大涨,市场风险偏好急剧抬升,直至11月长债利率上行至3.3%。2021年春节后资金边际收紧叠加市场对全球通胀抬升的担忧,10年期国债收益率依然以3.2%为中枢高位震荡。

15.4.2 自2021年3月至2022年12月,国债价格从3.34%下行突破2.60%,随后出现震荡上行至2.90%

春节前央行意外调降MLF价格,债券受益于宽货币环境,利率呈现震荡下行趋势。4月央行降准0.25bp不及市场预期,且投资者对房地产市场复苏抱有过于乐观的预期,国债收益率稍有回调。二季度上海疫情防控封城,以及经济数据不及预期,市场避险情绪升温,债券配置力量大增。8月疫情持续蔓延,且经济数据均不及预期,央行年内2度降息,调降MLF和7天逆回购利率10bp,债市多头格局正式确立,10年期国债收益率一度触及年内低点2.58%。10月起,伴随疫情防控优化政策出台、房地产16条等稳增长措施落地,债市情绪开始转向。11月底,缘于对资管产品投资回报率调整的需求,以银行理财为代表的资产出现赎回潮,收益率曲线整体上移幅度超过20bp,虽然年末利率上行动能减弱,但债牛根基似乎已有所动摇。

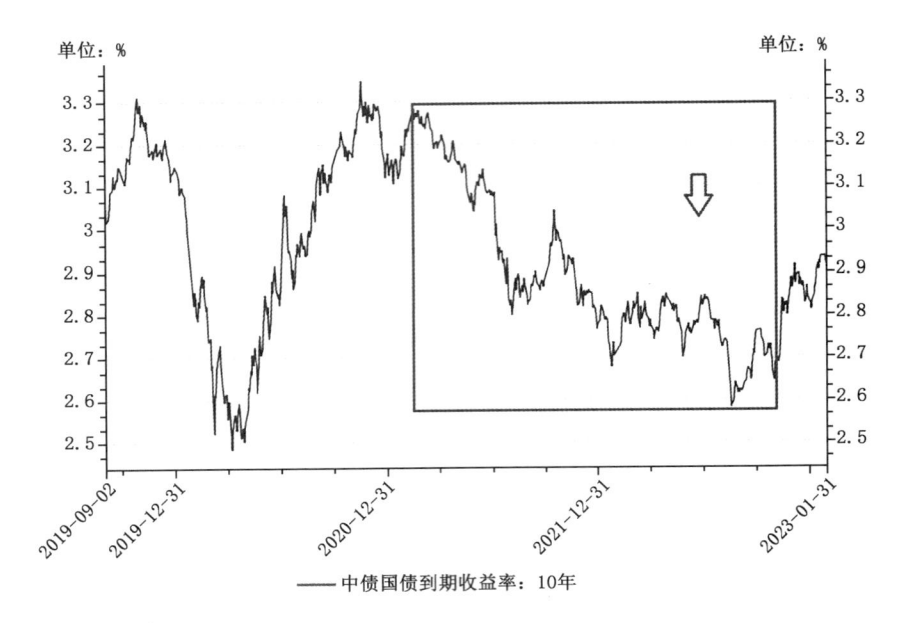

数据来源：Wind。

图15—15　2021年3月至2022年12月，
国债收益率大幅下行之后出现一定程度反弹

以上是对近20年来10年期国债收益率走势的回顾与分析。我们发现在各个历史时段，影响债市走势的因素都不尽相同，随着时间的推移，我国债市向更纵深方向发展，投资者需要回顾历史，深刻认识周期性行情的本质，才能令未来的投资决策更加科学理性。

第 16 章　中美债市定价逻辑的演绎与思考

根据资本资产定价模型,无风险收益率为一国的所有金融性资产提供定价的锚,隐含着预期长期投资回报率,而 10 年期国债收益率,更是意味着社会融资成本的锚,正如我们在第 14 章所讲,国债收益率是金融资产重要的定价基准。国债收益率是对经济基本面、货币政策等重要因素的综合预期定价,其价格变动对机构日常的投资组合管理有着牵一发而动全身的作用。

中美国债收益率经历了从各自独立到联动影响,二者利差主要缘于中美两国政策的分化与经济周期的错位。2022 年以来,中美两国的国债走势分歧逐渐变大,美债利率整体抬升而中债利率则平稳回落,中美利差开始压缩并于 4 月起出现倒挂。中美利差的倒挂引发了债市投资者对包括货币政策收紧、资金外流、人民币贬值等方面的担忧。

本章回顾了 2002—2022 年中美 10 年期国债收益率走势,深入分析了中美债市定价底层逻辑的演绎和变化,最后站在 2023 年 1 月的时点对中美国债利差后续走势进行了展望,希望能够给读者提供帮助。本章是笔者在 2023 年 1 月 18 日所写,并站在这一时点对市场进行分析与研判,考虑到时效性,"当前时点"均指 2023 年 1 月 18 日。

16.1　中美 10 年期国债行情回顾

16.1.1　2002 年 1 月至 2008 年 7 月,错位的政策周期——中美 10 年期国债收益率走势成负相关

2002 年至 2008 年,国内债市出现了 3 轮阶段性周期,具体切换点分别为 2002 年 6 月牛转熊、2005 年 1 月熊转牛、2007 年 1 月牛转熊。其中第一轮熊市由经济周期主导,即核心通胀与经济增速超预期背景下债市风向的转变;第二轮牛市则由货币周期主导,即在 CPI 持续回落的通缩压力下,央行降准并大量投放流动性,债券牛市格局逐渐明朗;第三轮熊市再次由经济周期主导,缘于持续加剧的通胀压力,债市情绪接近冰点,市场经历了一轮较为完整的加息周期。

追溯美联储基准利率的调整,2003 年后美国经济增长动能强劲,需求快速扩张加大了通胀风险,美联储渐进式加息收紧流动性,最终在 2006 年 6 月将基准利率调升至 5.25%。直到 2008 年次贷危机爆发,金融体系遭受重创,为了应对失衡的供需境况,推动经济复苏,美联储数次降息,将联邦基金利率目标区间下调至 0~0.25%,此后美国步入了零利率时代。在此阶段内中美国债收益率走势都与各自经济基本面和政策调控周期密切相关,彼此间基本不存在影响和制约,中美利差波动区间为-310bp~110bp。

16.1.2　2008年8月至2015年12月，二者利差显著走阔

2008年债市经历了大起大落，直至2009年宏观经济实现触底反弹。2010年至2011年国内经济增速稳定，而CPI持续超预期上行，成为主导债市的核心因素。在通胀大幅攀升的压力下，年内货币当局果断实施逆周期调节，数次上调基准利率与存款准备金率。2012年受到欧债危机的影响，当局降息以实现"稳增长"，经济持续企稳后，利率趋势性上行。2013年债市迎来了"严监管"，针对非标理财的监管整改以及流动性的收紧使长端利率再度上行。2014年与2015年市场逻辑主线较为清晰，经济持续收缩，当局灵活使用货币政策工具降基准利率叠加降准，以推动信用扩张。

2007年至2009年是美联储的降息周期。次贷危机造成金融市场剧烈动荡，流动性面临枯竭，证券市场暴跌。为了稳定市场信心以及刺激经济回暖，美联储数次降息后实现了"零利率"，美债收益率在2%的点位触底。在量化宽松的政策环境下，2010年至2015年美国经济持续复苏，制造业发展、就业率等指标均显著改善，但与此同时通胀率逐渐攀升，资产泡沫积聚。在此期间，美债收益率以2.0%为中枢窄幅区间震荡。此阶段中美利差波动区间为－100bp~200bp。

16.1.3　2016年1月至2018年12月，二者利差显著收窄

2016年是牛熊转换的债灾之年，经济基本面全年趋势性走强，货币政策由稳健转向收紧，国债收益率在后半年大幅上行。2017年延续了2016年经济扩张的趋势，且以"资管新规"为代表的严监管措施持续落地，叠加下半年加息，熊市贯穿始终。2018债市迎来了转机，以工业增加值为代表的基本面数据持续走弱，外围"贸易摩擦"令避险情绪升温，货币当局增加OMO投放并定向降准，债市稳步走牛。

2015年底,美联储当局判断,"经济过热将引发通胀危机",随后当局在12月开启了新一轮加息周期,意在退出零利率政策。美国各项基本面数据显示,经济已经处于繁荣周期,通胀抬升将造成较大的金融风险,需要适时退出经济危机时采取的零利率政策,引导利率重回正轨。在此期间,美债收益率逐步向上修正并突破3.0%点位。此阶段中美利差波动区间为25bp～160bp。

16.1.4 2019年1月至2020年12月,二者利差显著走阔

2019年贸易摩擦持续升温,国内房地产政策持续收紧,"宽信用"周期较难启动,货币政策灵活稳健的取向没有改变,债市小区间窄幅震荡,度过了较为平稳的一年。2020年债市的"V"型走势有其独特的成因,疫情暴发初期,经济社会发展陷入停顿,当局果断采取强有力的逆周期调节,降准降息迅速落地,信贷需求得以激发,"宽信用"效果凸显。

经历3年的加息周期后,美联储在2019年7月开始数次下调基准利率,并在2020年宣布实行零利率政策。这也是近10年来首次降息。从基本面看,此次货币政策调整应当定义为"衰退式降息"。疫情的冲击以及惨淡的就业率显示出经济正在走向衰退,激增的公共负债规模突破22.5万亿元,与GDP的比率已经超过109%,潜在的债务风险已经危及经济健康发展。降息一方面缓解了政府偿债压力,另一方面也有效地应对了宏观经济所面临的困境。在此期间,美债收益率迅速下行并突破0.5%的历史低位。此阶段中美利差波动区间为30bp～250bp。

16.1.5 2021年1月至今,二者利差逐渐收敛,收益率持续倒挂

2021年初,内外部宏观局势较为复杂。经济复苏逻辑向通胀逻辑的传导不顺畅,"宽货币"并未有效地激发信用活力,信用扩张之路阻碍重重,债市短期内进退两难。伴随央行2次降准与2次降息落地,高层关于

经济下行压力的表述及时修复了市场预期,债市呈现出明显的牛市特征,国债收益率震荡下行并突破2.60%。2021年,美联储多次议息会议纪要表明,就业率、消费以及生产等数据表明经济虽有反弹但尚未完全恢复,与此同时通胀压力在不断攀升;在2022年货币当局有丰富的工具应对通胀并完成加息缩表,促进经济稳定健康发展,引导利率回归常态化,实现退出量化宽松的目标。在加息与缩表的预期管理下,美债收益率从1.0%低点逐步向上修复。2023年2月至今,美国通胀回落速度放缓,且在美联储偏鹰的态度下,美债利率震荡上行,同时国内经济需求不足的主要矛盾一直存在,国债收益率整体下行。此阶段中美利差波动区间为-150bp~230bp。

16.2　中美债市定价底层逻辑的差异

在传统的债市分析框架中,GDP与CPI是市场利率的核心参考指标。GDP增速可以理解为全社会扩大再生产后的现金流增量,从货币供需角度看,中国GDP持续增长,理论上对应于扩大再生产所需的融资成本将抬升,也就意味着债券收益率会跟随调整。

2001年中国加入WTO后,我国经济增速明显加快,GDP在2000年突破10万亿元,2008年突破31万亿元,此期间GDP同比年均超10%。而同期美国经济出现负增长,GDP同比从2000年的4.1%跌至2009年的-2.8%。因此,从GDP增长的角度看,中美两国分化的基本面特征是对债市进行定价的主导因素。

2012年以前国内经济增速平稳,因此债市投资者更加重视分析研判CPI走势;2012年以后,随着国内经济增速下台阶,同时考虑经济增速和通胀的利率双轮驱动分析框架逐渐成为主流。近年来,货币金融周期对国内债市走势的影响越发显著，某种程度上甚至超越了经济周期。相对而言，美国无论债市发展还是利率市场化进程都更为成熟，基准利率对美债收益率走势具有很强的指导意义。

16.3　从各自独立到联动影响

2008年以前，我国资本市场对外开放程度较低，虽然在2005年央行批准3类境外机构进入中债市场，但参与机构与托管量占据市场份额较小，债市仍处于对外开放的起步阶段。银行间业务发展滞后，与境外市场的联动机制也有待进一步完善，因此在2008年之前，中美国债收益率走势缺乏联动。

2008年以后，美国次贷危机已在国际资本流动、金融市场、产业链、外贸等领域对中国产生广泛的影响。在经济全球化的格局下，中国难以独善其身，我国GDP同比增速从2009年的9.4％逐步回落至2020年的5.95％。有观点认为，在经历过高速发展期后，中国经济增速也将与发达经济体一样逐渐收敛。

近年来中美两大经济体通过购买资产、国际贸易和投资等活动形成联动与渗透，两国经济表现出越发显著的正相关性。在此背景下，政策层面的外溢效应增强，单一的通胀目标不再是调控的主逻辑，"维持经济增长、促进充分就业、抑制通货膨胀"协同引导货币政策调整。

2008年后，我国债市对外开放也进入稳步发展阶段，RQFII和QFII投资者正式进入银行间市场，开启了银行间债券市场全球化的新纪元。2013年末银行间市场境外投资机构数量达到138家，境外资金债券持仓量接近5 000亿。2017年"债券通"的落地为我国债券市场的进一步对外开放奠定了良好基础，满足了全球投资者购买人民币资产的需求，展现出我国银行间市场债券的投资价值。伴随市场份额的持续扩大和全球影响力的不断上升,人民币债券资产成为境外资本投资境内的重要选择。截至2021年12月,托管数据显示境外投资者数量超过1 000家,机构持仓达3.68万亿,机构数量与持仓量较2013年分别同比增长624%与636%。

可以看到,2008年是中美10年期国债利差显著的分水岭,在此之前中美国债收益率走势都与各自经济基本面和政策调控周期密切相关,彼此间基本不存在影响和制约,中美国债收益率缺乏联动性;此后在全球化进程加速的背景下,国际资本流动对我国债券价格的影响力日益增强,中美国债收益率的正相关性得到强化与巩固。

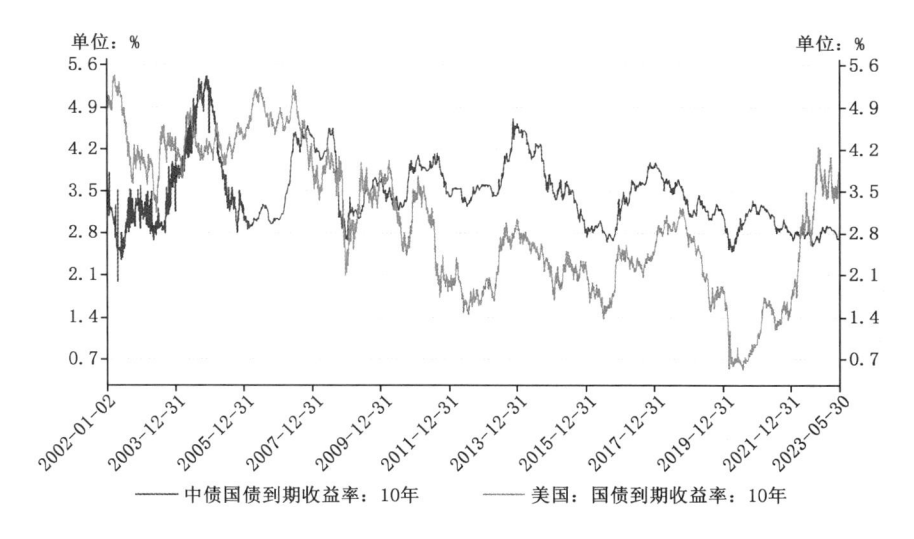

数据来源:Wind。

图16-1 中美国债收益率走势对比

综上所述,2008年以前,经济与政策周期的错位使中美债市定价逻辑产生分歧,中美债市定价相对独立;2008年以后,中美经济相互联动与渗透,政策层面的外溢效应增强,经济周期逐渐呈现出同步性特征。同时,伴随我国利率市场化改革的深入和银行间市场对外开放进程的加快,国际资本流动引领债市深度融入全球金融市场,中美国债收益率保持联动。但2023年后,缘于两国独立且特殊的宏观经济环境,中美国债收益率的联动性有所弱化,一定程度上可能出现阶段性背离。

16.4　中美国债利差走势分析

2021年,美国核心通胀的飙升令经济前景蒙上阴影,美联储已做好货币政策调整的舆论宣导,且2022年内有6次加息落地。但受制于宏观环境的制约,尤其是就业率数据显示出经济仍未完全复苏、远超GDP总量的公共负债带来的偿还压力等限制因素,美联储在2022年后半年加息缩表的节奏和力度有所减弱。

站在2023年5月的时点,我们认为当前我国经济仍然面临下行压力,宏观政策需要持续发力,在"以我为主"的货币政策基调下,流动性仍将维持合理充裕,以推动经济企稳,实现经济增长目标。2023年市场博弈的核心逻辑是"宽货币"能否有效地传导至信用扩张,"宽信用"落地的节奏以及成效到底如何。综合考量各方面因素,现阶段国内宏观环境正处于"宽货币"到"宽信用"的过渡阶段,信用扩张尚需时日,受益于宽货币的呵护,债市大概率以稳为主,呈现区间震荡走势;而美联储在2023年停止加息缩表的时间点将主导美债收益率的走势。故2023年中美国债利差走势取决于中国宽信用的节奏与美联储货币政策的预期传导。

本章先对中美10年期国债走势进行了回顾,解释了两国债市定价底层逻辑的差异,阐述了两者从各自独立到联动影响的变化过程,并站在当前时点对利差走势进行了分析,希望能对大家日后的投资提供帮助。

结　尾

　　时光飞逝,白驹过隙,伴随着债券市场的发展,我们个人也在不断地成长。然而,任何成长都伴随着阵痛。笔者在从业过程中经常会出现这样一种看似矛盾的心理,即每天都能感觉到自己在进步,对于市场的认知在加深,但每天又能同时感觉到自身对市场的困惑和迷茫也越来越多。站在2023年5月的时点,笔者认为当下的我们至少面临以下几个困难等待我们去克服:

　　第一,伴随资产规模增长,收益增厚的难度不断加大。

　　对于以利率债为主要投资标的银行自营来讲,伴随着债券资产规模的提升,整体收益率增厚难度有所加大。由于信用下沉策略难以实施,杠杆空间有限,久期管理是银行为数不多的可以灵活使用的工具。在收益率高位时,通过拉长久期提高收益;在收益率低位时,通过降低久期来减少利率风险。但随着规模增大,每次调整久期时需要调动大量持仓债券,在市场容量有限的情况下,很容易带动二级市场价格向不利方向滑动,犹如大象起舞很难从容实现策略落地。

第二，新会计准则下，超额收益与市场风险冲击并存。

在新的 IFRS9 会计准则下，对金融资产的分类更加明确，操作空间更小，更多资产会被分类到 FVTPL 科目，其公允价值变动计入当期损益，银行利润波动性增大，报表管理的诉求对银行自营投债将造成限制。

第三，主动配置与被动配置的关系难以权衡。

银行最主要的业务仍是信贷投放，因此在银行资产配置过程中，信贷类资产的投放占据核心地位。债券一般是银行在满足信贷增长目标后的配置选择。银行正常情况下不会主动提高债券的配置比例，只有在信贷增长乏力的情况下，银行配债的比例才会被动提高，正是自营债券投资这种被动配置特点，造成了其规模的逆周期性。"利率低时增配，利率高时减配"的逆周期约束，降低了自营投资把握波段机会赚取超额收益的概率。

路漫漫其修远兮，吾将上下而求索。面对工作中出现的难题，我们每天都在思考，总结出了一些解决方法并付诸实践：

（1）稳定票息收入是关键

目前债券收益率处于历史较低水平，如果未来利率出现震荡上行走势，通过上行的不同节奏点择机配置高收益债券资产，扩大投资规模，同时压降负债成本，通过利率债为主的标准账户获得可观的票息收入，夯实金融市场投资收益基本盘。

（2）丰富免税品种投资，优化收入结构

加强免税资产的投资比例，在国债及地方政府债已占据主要持仓的情况下，加大公募基金投资规模，增厚投资收益。但也需注意，随着公募基金投资规模的增大，将带来 FVTPL 类金融资产的占比显著提升，其公允价值变动计入当期损益，其短期波动将显著增加当期利润波动性，后续对减少利润波动和预期损失计提的报表管理的诉求可能会有所增加。

（3）灵活调整仓位与久期，把握波段机会

自营投资的波段交易是获取债券市场超额收益的唯一方式。鉴于银行是债券市场的天然多头，面对未来可能出现利率震荡上行走势，灵活降低仓位与久期，把握收益率上行后的每一次回调机会即为重中之重。同时，在收益率高位时，通过拉长久期来提高收益；在收益率低位时，通过降低久期来减少利率风险。积极发挥OCI账户的优势，避免交易资产面临市场大幅波动对利润的冲击，利用时间错位等待市场机遇进行波段操作赚取价差收入。

（4）深入投研能力建设

债券投资是一项需要终身思考和积累的事业。没有一套标准的模型可以应对任何市场，也没有十全十美的方法可以一直立于不败之地，我们能做的就是不断学习以提升个人的认知水平，跟上时代和市场前进的脚步。

苏轼有诗曰："我欲乘风归去，又恐琼楼玉宇，高处不胜寒。"我们在投资这座大山上攀登得越高，面对的可能是更多的未知和更大的压力，但笔者还是坚信，不畏困难继续向上攀登才是正道。一份春华，一份秋实，在债券投资生涯中，我们付出了很多努力，也收获了市场的馈赠，更珍贵的是我们积累了深厚的经验，为日后机构与个人的发展打下了坚实的基础。

٩